KB202520

행복의 또다른 방정식

불확실한 시대
삶이 힘들어 지친 이들에게
황의일 목사가 전하는
긍정의 바이러스
행복의 또 다른 방정식

행복의 또다른 방정식

이 고비만 잘 넘길 수 있다면

황의일 목사

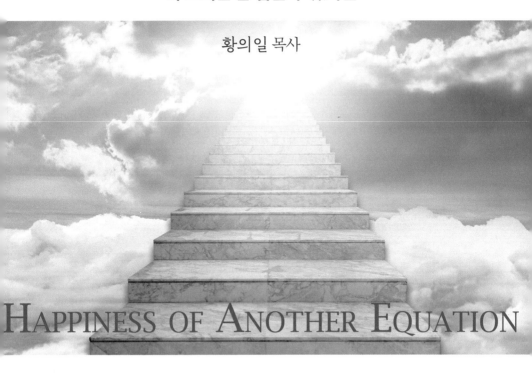

HAPPINESS OF ANOTHER EQUATION

좋은땅

목차

제1장

화분에 심겨진 꽃을 보며

감사의 글

『행복의 또 다른 방정식』을 출판하게 하신 하나님께 감사를 드린다. 여기에 수록된 글들은 필자가 평소 목회를 하면서 들었거나 깨달은 것들을 적어 두었던 것인데, 다시금 다듬고 정리하여 선을 보이게 되었다. 내어놓기 부끄러운 졸작이지만 마음으로 읽고 묵상을 하다 보면 필자가 간절히 바라는 안타까움들이 조금이나마 전달되었으면 하는 바람이다. 당신도 현재 앞에 놓인 '그 고비만 잘 넘길 수 있다면' 분명 좋은 날은 다가올 것이라는 확신을 전하고 싶은 것이다. "그 고비만 잘 넘길 수 있다면"

필자가 오늘에 있기까지 뒤돌아보면 감사한 마음을 전하고픈 사람들이 한두 사람이겠는가. 필자를 아는 모든 이들에게 감사하고 싶다. 그 가운데서도 특히 나의 가족들에게 고마운 마음을 전하고 싶고, 나를 믿고 따라주었던 광문교회 교우들에게 감사한 마음을 전하고 싶다.

그리고 이 책이 출판되기까지 거친 글을 한 글자 한 글자 다듬어 주시고, 아름다운 모습으로 태어날 수 있도록 편집과 디자인에 신경 써 주신 좋은땅 편집부에 감사를 드린다.

2019.10

황의일 목사

황의일 목사님 수필집 출간에 부쳐

박영우(시인, 경기대학교 문예창작학과 교수)

　황의일 목사님과의 인연은 거의 이십여 년에 가깝다. 목회에 열중하면서도 문학에 대한 열정을 채우기 위해 문예창작학과에서 사제지간의 인연을 맺어 온 것이다. 사실 문학도 따지고 보면 인간에 대한 탐구이다 보니 목회나 설교의 내용과도 서로 통하는 바가 있을 것이다. 이번에 출간되는 수필집 또한 목회를 하면서 느끼는 여러 가지 종교적 이야기도 있지만 평범한 소시민으로서 느끼는 필부의 감정을 진솔하게 담아 내고 있다는 점에서 읽는 독자들에게 주는 공감력 또한 크다고 생각한다.

　사실 성경은 역사적으로 가장 많이 읽히고 가장 많은 사람들에게 팔린 베스트셀러이다. 종교인이고 비종교인이고를 떠나 그 안의 내용은 인생을 살아가는 데 있어 필요한 온갖 상징과 은유들로 가득하다. 그중에서도 구약에 150여 편이 수록되어 있는 시편은 그 대표적인 예라 할 것이다. 어찌 보면 절실함 속에서 우러나온 성령의 시요 노래들이라 할 것이다. 그러한 내용들을 시대의 현실에 맞게 해석, 재해석하고 사도(使徒)로서의 역할을 다하는 것이 또한 목회자의 사명이자 역할이 아닌가 생각해 본다.

황의일 목사님의 이번 수필집 또한 충분히 이 시대에 많은 독자들에게 잔잔한 감동과 영향을 주는 감람나무와 같은 역할을 하리라 믿는다.

얼마 전 호주 남부를 여행한 적이 있다. 맬버른에서 차를 몰고 호주 동부의 해안도로 그레이트 오션로드를 서너 시간 쯤 달리다 보면 끝없는 푸른 바다 해안가 절벽 앞에 늘어선 12사도상(The Twelve Apostles)을 만나게 된다. 그러나 아무리 세어 보아도 12사도상은 9개 정도에 불과하다. 원래는 12개의 바위와 암석들이었는데 수만 년의 파도와 해풍에 씻기고 씻겨 현재의 모습만 남게 되었다는 것이다. 그래도 세계 각국에서 수많은 관광객들이 12사도상을 보기 위해 몰려든다. 그들이 진정 보고 싶은 것은 어쩌면 저마다 자신의 마음속에 간직하고 있는 자유와 구원, 희망 같은 것인지도 모른다.

황의일 목사님의 이번 수필집 또한 사람들에게 그런 작은 소망 하나 일깨워 주는 숨결이 되었으면 하는 바람이다.

2019.10

추천사

전계헌 목사

· 대한예수교장로회(합동) 제102회 총회장
· 사단법인 미래와 도약 이사장
· 현 동산교회 담임목사

하나님은 사람들에게 각각 생각하는 능력을 주셨습니다. 그리고 그 생각을 정리하여 글을 쓰는 재주를 부가하여 주셨습니다. 그러나 모든 사람이 그런 달란트를 받은 것은 아닙니다. 하나님은 극히 일부의 사람들에게만 글을 쓰는 복을 허락하십니다.

특히 황의일 목사님은 그런 복을 하나님으로부터 받은 분이라고 생각합니다. 목사님은 평범한 일상 속에서 일어나는 사건들과 사물들을 사려 깊게 관찰하고 그 뼈대에 사색의 옷을 덧입혀 매끄러운 글로 표현해 내는 귀한 달란트를 소유하신 분입니다.

황의일 목사님의 글을 읽어 내려가다 보면 이해하기가 쉽고 그럼에도 글의 깊이와 토속적인 맛이 배어 있는 것 같습니다. 누구나 겪는 삶의 이야기이면서도 글 속에는 깊은 철학적 의미를 부여하고 있

습니다. 하나님 중심, 성경 중심의 신앙이 터를 닦고 있는가 하면,
긍정과 소망과 도전을 불어넣기도 합니다.

  황의일 목사님의 책『행복의 또 다른 방정식』을 읽을 때 생각의 깊
은 공감대를 형성하면서도 맑고 밝은 삶의 심연에서 퍼올린 차 한
잔과 같은 깊은 맛이 느껴지고, 인생의 미래와 희망의 영원을 논하
게 되는 것과 같은 진한 감동을 받았습니다. 이 글을 읽는 독자 여러
분들에게도 동일한 감동을 주리라 확신하며 이 책을 추천을 합니다.

2019.10

프롤로그

홀로 긴 밤을 지새워야만 하는
장승처럼
당신은 지금
어느 길목에 서 있는지요.
인생의 가장 소중한 것이 떠날 때
현대인의 우울증처럼
찾아오는 외로움

불공을 드리는 수도승에게도
안 그런 척
두 손 모아 미사를 드리는 사제에게도
밤을 더 길게 만들고
잿밥과 들창너머에 분냄새를
그리워하게 하는

홀로 외로운 당신에게
꼭 필요한 감초는
무엇인가요.

2019년 10월 창립기념일에 즈음하여
황의일 목사

사랑의 또 다른 방정식

제1장

화분에 심겨진 꽃을 보며

내 마음엔 별이 하나 있다

인생의 늦은 가을에는

나를 나 되게 하기 위해서는
추운 밤 불어오는 고통을 잘 견뎌내야 한다.

가을은 참으로 아름답고 풍성한 계절이다. 가을이라는 계절의 정 거장에 머물러 있는 모든 동식물들은 너나 할 것 없이 나름대로의 아름다운 삶의 결과물들을 나타내 보이고 있는데 우리의 삶에 현 주 소는 과연 어떠한가 깊이 생각하게 하는 계절이다. 열매를 맺는 나 무라면 열매를 보여 주고 침엽수라면 열매 대신 자신의 특색대로 형 형색색의 아름다운 잎새의 모습들을 보여 주고 있다. 특히 하루가 시작되는 아침이 되면 자연의 풍성함은 밤새 내린 이슬을 가득 머금 은 채 서로가 잘 어우러진 한 폭의 아름다운 동양화를 그려 놓은 듯 관광객들을 유혹한다.

유혹에 빠진 관광객들은 아름다운 모습들을 바라보는 순간 세상 의 모든 근심 걱정을 다 잊은 채 너나 할 것 없는 감탄과 찬사를 표 현할 길이 없다는 듯 그냥 한마디로 합창을 하듯 '야-! 야-!' 하는 묘한 카타르시스를 토한다. 그 가운데서도 특히 가을의 명품은 뭐니 뭐니 해도 단풍이 아닌가.

단풍나무의 종류 역시 헤아릴 수 없이 많다. 아니 단풍나무뿐만 아니라 가을이 되면 모든 나무들은 나름대로 자신들의 독특한 색깔들을 자아낸다. 그 가운데서도 진짜 아름다운 색깔의 옷을 입은 나무는 어떤 나무일까. 우리네 인생도 그리됐으면 얼마나 좋을까. 잘 익은 한 알의 사과처럼 붉은 빛을 띠는 홍단풍에서부터, 작은 잎새의 애기단풍, 당단풍, 꽃단풍, 중국단풍 등이 우리 주변에서 흔히 볼 수 있는 것들인데, 지금 우리의 인생사에도 그러한 아름다움이 있었으면 참 좋겠다.

어떤 나무는 봄에 잎이 필 때부터 아름다운 잎을 자랑하는 나무가 있는가 하면 또 어떤 나무는 파란 잎으로 피었다가 가을이 되어서야 울긋불긋 아름답게 물이 드는 나무도 있다. 그런가 하면 어떤 단풍나무는 자신뿐만 아니라 주변의 다른 나무들과도 함께 잘 어우러져 아름다움의 극치를 만들어 내기도 한다. 그러면 그러한 아름다운 색깔들의 극치는 어떻게 만들어지고 또한 물들일 수 있을까.

세상일은 하나도 거저 되는 일이 없다. 대가를 치러야만 된다는 진리이다. 작은 나무 하나라 할지라도 자신을 아름답게 물들이기 위해서는 거저 되는 것이 아니라 한겨울의 눈보라와 혹독한 엄동설한의 고통을 잘 견뎌야만 아름다움을 만들어 낼 수 있다고 한다. 아픈 만큼 성숙한다는 말이 있듯이 고통이 깊어지면 깊어질수록 나무는 퇴색되는 것이 아니라 더욱 아름다워진다. 때문에 단풍은 찬바람이 찾아와야만 차차 아름다운 색깔로 물들기 시작하는지도 모른다.

단풍의 행로 역시 찬바람을 따라 남하한다. 백두산에서 시작한 단풍은 동해의 설악산 봉우리를 물들기 시작해 서울을 거쳐 계룡산을 넘고 내장산 깊은 골짜기를 더듬어 남으로 가서 지리산 자락을 물들이다가 남하하면 다시 바다 건너 한라산 봉우리 백록담 깊은 물속에 푹 빠진다. 단풍은 물속에 비친 자신의 아름다운 모습을 보기보다는 더 이상 갈 수 없음의 한계를 고민하다가 스치는 바람을 따라 생을 마감하지만 단풍은 영원한 생의 마감이 아니라 그것은 다음 해를 위한 전주곡이며 또 하나의 뼈아픈 결단이 아닐까 싶다.

과연 우리의 마음 깊은 곳에는 어떠한 아름다운 결단의 싹들이 심겨져 있는지 매우 궁금하다. 당신의 마음속에는 어떠한 아름다운 씨앗이 심겨져 있는가. 떠오르는 미명도 아름답지만 황혼의 저녁노을은 더욱 더 아름답고 또한 그래야만 된다고 생각한다. 당신의 삶이 그처럼 아름다웠으면 참 좋겠다.

단풍나무의 아름다운 모습을 지금 나의 인생에 비유를 해 본다면 어디쯤 서 있을까. 청년기일까, 중년기일까. 아니면 황혼기일까. 단풍은 아마도 중년을 넘어 황혼기를 맞는 사람과도 같을진대 과연 우리의 현재 모습은 어떠한가. 아름다운 모습들로 함께 어우러져 서 있는 단풍나무들을 바라보며 깊은 생각을 해 본다.

하나님의 섭리를 따라 순응하는 모든 우주 만물들은 모두가 때가 되면 자신의 자리에서, 아니 어떠한 자리에 서 있다 할지라도 아름다운 모습들을 보여 주고 있는데 과연 하나님의 형상을 따라 지음을 받았다는 우리의 삶은….

화분에 심겨진 꽃을 보며

시든 꽃에 물을 주는 것 외에는 별 다른 방법이 없듯
우리의 신앙도 말씀이 없다면 별 다른 도리가 없음을….

교회 앞 계단에는 여러 개의 화분들이 놓여 있다. 계단 쪽을 바라
볼라치면 학생들이 단체 사진을 찍기 위해 계단에 줄을 서 있는 모
습처럼 화분들이 아름답게 보였다. 그런데 이 화분들은 화단을 장식
하기 위해서 사 왔다기보다는 여기저기서 장식으로 사용을 하다가
사명이 다 되자 버리기 직전, 버리기는 아깝고 쓰기에는 조금 철이
지난 꽃들이다.

연산홍은 봄에 아름다운 꽃이 피었을 때 사 왔는데 꽃을 피우는
철이 지나자 꽃은 다 졌지만 그래도 푸른 잎이 아직은 볼 만하기 때
문에 구색을 맞추기 위해서 갖다 놓았고, 생명초는 화초인지 나무인
지 구별이 잘 안 되지만 당뇨에 좋다고 해서 구했었는데 놓을 데가
마땅치 않아 함께 그곳에 놓았다.

그 가운데는 이름 모를 선인장, 천사나팔 등이 놓여 있는데, 천사

나팔꽃은 화초들 가운데서도 키가 가장 크다. 그리고 꽃이 피면 그 향기가 코를 찌를 듯한데, 이 나무들은 모두 우리 집사람이 봄에 과천 꽃집에서 사온 것이다.

집사람은 꽃을 참 좋아한다. 아니 좋아함을 넘어 사랑한다. 옆에서 그를 볼 때면 질투가 날 정도이다. 하지만 어찌하랴!

특히 천사나팔꽃은 집사람이 농장에 가서 직접 사온 것이다. 천사나팔꽃이 필 때 보면 꽃은 너무너무 탐스럽고 싱싱하고 향기가 사방에 진동한다. 어쩌면 그렇게 코를 찌를 정도로 향이 짙을까 싶다. 우리네 인생은 어떠한가. 보는 사람들마다 너나 할 것 없이 '와아!' 하고 감탄사를 연발하는데 내 모습을 볼 때 조금은 부끄러워진다.

그리고 천사나팔꽃은 어느 한날 한번 꽃을 피우고 끝나는 것이 아니라 몇날 며칠을 두고 계속 피고 진다. 아침에 가 보면 꽃이 피어 있고, 또 그 다음 날 아침에 가 보면 날짜를 가늠할 수 없으리만큼 계속 꽃이 핀다.

천사나팔꽃은 사람들의 마음을 얼마나 감동시키는지 모른다. 봄이 지나고 여름이 다가왔는데도 계속 꽃이 피었었다. 그런데 요 며칠 전부터는 무슨 일인지 꽃을 피우지 않는다. 꽃은커녕 나무마저 시들시들 죽을 것만 같았다. 왜 그럴까 궁금했었는데 알고 보니 물이 부족했던 것이다.

천사나팔은 다른 꽃들과는 달리 물을 많이 먹는다. 화분에 심어 놨기 때문에 사람이 일일이 그때그때 때를 맞춰 물을 주지 않으면 언제 내가 꽃을 피웠느냐는 식으로 시들시들하고 이파리가 축 처져 금방 죽을상이 되고 만다. 그때는 빨리 수돗가로 달려가서 물을 틀고 호스로 물을 갖다 주는 것 외에는 다른 방법이 없다. 물을 주고 나면 천사나팔은 30, 40분도 채 안 돼서 다시 싱싱하게 살아난다. 참으로 신기한 일이다. 우리의 삶에도 이처럼 신기한 방법은 정말 없는 것일까.

화분에 심겨진 나무라면 물론 천사나팔뿐이겠느냐만은 특히 천사나팔꽃은 다른 나무들에 비해 유독 기복이 더 심한 편이다. 꼭 누군가를 보는 것 같은 생각이 들 때가 있다.

어떤 때는 성령이 충만하여 하늘을 찌를 것처럼 믿음이 있는 사람처럼 할렐루야를 외치다가도, 또 어떤 때는 바람 빠진 풍선처럼 세상의 모든 걱정근심을 다 끌어안은 쓰레기통이 된다. 이처럼 어둠의 웅덩이에 푹 빠질 때가 한두 번이었던가. 물을 주면 금방 살아났다가 물이 조금만 부족하면 금세 시들시들한 천사나팔의 모습을 보면서 너는 왜 그러느냐고 그를 책망할 수 있을까.

만약 우리도 많은 사람들 가운데 유독 나만 사랑받지 못하고 있다면, 아니 내 사랑을 남에게 빼앗기고 있다면 정말 어떠할까. 아마도 체면을 넘어 애써 참아 내기에는 무리수가 따를 것이다. 때문에 모든 이치는 내게 머물러 있을 때 관리를 잘해야만 한다는 철학을 넘어 신앙이 되어야만 하지 아니할까.

화분에 심겨진 나무들의 삶은 모두가 다 인생들에게 보여 주는 하나의 생물도감과 같다. 물이 부족하면 나무들이 시들시들하듯 인생도 사랑이라는 물이 부족하다 보면 시들시들할 수밖에 없다는 현실을 우리는 외면할 수가 없다.

우리네 인생도 화분에 심겨진 나무들처럼 항상 만족할 수만은 없을지라도 잘 견디며 아름답고 행복한 노래를 부르는 삶이 되었으면 참 좋겠다.

"인생의 아름다움을 계속 노래할 수만 있다면…"

본질과 현상의 길목에서

우리가 본질에서 너무 많이 떠나
현상에 서 있는 것 같은 느낌 때문이다.

필자는 얼마 전 어떤 당사의 정례모임에 설교 부탁을 받고 여의도 당사에 갔었다. 꽤나 많은 당원들이 와 있었다. 필자는 조금 일찍 도착한지라 당 대표 사무실에 안내를 받고 들어가 잠시 당 대표와 담소를 나누게 되었다.

필자가 물었다. 과거에는 현 정당들이 국민들로부터 많은 지지를 받지 못한 것 같았는데 지금은 형편이 어떠하느냐고 물었더니 밖에 소리 나는 쪽을 가리키면서 앞으로는 미래가 밝다는 것을 강조하는 눈치였다.

필자는 또 한 가지 궁금한 사항이 있어서 취재 나온 기자처럼 물었다. "그러면 당사를 관리하고 운영하려면 많은 자금이 필요할 텐데 정부지원이 좀 있습니까?" 하나도 없다는 것이었다. 필자는 또 물었다. "그러면 정치 후원금은 좀 들어옵니까?" 대표가 대답했다.

"우리당은 정치 후원금을 안 받습니다." 필자는 의아한 눈빛으로 다시 물었다. "아니 다른 당은 다들 받는데 왜 안 받습니까?" 당 대표는 구시렁구시렁 시원찮은 말투로 대답했다. "요즘의 후원금은 순수한 후원금이 아니라 대부분 대가를 바라는 후원금들이기 때문에 받지를 않습니다."

대화를 하는 동안 찬양 소리가 나더니 예배가 시작되었다. 사회자는 본문 열왕기상 12장 21-24절 말씀을 읽은 뒤 강사를 거창하게 소개했다.

"오늘 말씀을 증거해 주실 귀한 목사님은 경기대학교를 거쳐 단국대학교 대학원에서 문학박사과정을 마치시고 역삼동에서 목회를 하시다가 현재는 우면동으로 이사를 하신 뒤 큰 교회를 건축하시고, 총회에서는 부총회장으로, 신학교에서는 20년 이상 교수로, 각 단체에서는 총재님으로, 부흥강사로 활동하고 계시는 황의일 목사님이십니다. 이 시간 목사님 나오셔서 본문을 중심으로 '새 시대의 정치철학'이라는 제목으로 말씀을 증거해 주실 때, 큰 은혜 받으시길 바랍니다. 우리 모두 두 손 높이 들고 할렐루야로 맞이하겠습니다."

거창한 강사소개가 끝난 뒤 나는 강단으로 나가 오른손을 높이 들고 할렐루야! 화답을 하고 설교를 시작했다.

"요즘 세상을 보면 정치, 경제, 사회, 문화, 종교 등을 두루두루 바라볼 때 국민의 한 사람으로서 참 안타까운 마음이 들 때가 가끔 있습니다. 그 이유를 보면 모든 부분들이 본질에서 너무 많이 떠나 현상에 서 있는 것 같은 느낌 때문입니다.

가끔 운전을 하고 가다 보면 길가에 서 있는 견인차들을 종종 보게 되는데 그 차들은 하루 종일 기다리면서 무슨 소식을 듣고 무슨 생각을 하고 있을까요.

너무 지루하다는 생각을 할까. 아니면 오늘은 왜 한 건도 안 걸릴까, 라는 생각을 할까. 아니면 오늘은 사고가 안 나서 참 감사하네, 라는 생각을 할까. 여러분 같으면 어떤 생각을 할 것 같습니까. 견인차의 본질은 사고 난 자동차를 도와주는 일입니다. 자동차가 본의 아닌 사고로 위급할 때 어려움에 처한 사람들과 망가진 차를 견인하기 위해서 존재하는 것이 아닐까요.

병원 역시 히포크라테스의 선서를 굳이 들먹이지 않는다 할지라도 병원의 본질은 불의의 사고나 질병으로 인해 고통받고 있는 사람들을 치료해 주는 일입니다. 그리고 모두가 건강해서 병원 없는 세상이 되었으면 얼마나 좋을까요. 정당들 역시 예외는 아닐 것입니다. 아무리 시대가 어두운 시대라 할지라도 본질에서 벗어나지 않는 정당이 될 수만 있다면 여러분들의 당에 미래는 분명 서광이 비춰질 것입니다.

이 시대에 꼭 필요한 요구는 세워진 정당들이 본질을 잘 알아야만 합니다. 사람이나 정당, 모든 단체들은 본질에서 떠나지 않았으면 얼마나 좋을까 하는 생각을 해 봅니다. 견인차는 사고가 안 났으면 참 좋겠다는 생각을 하고 병원은 병원 문을 닫는다 할지라도 아픈 사람들이 없었으면 참 좋겠다는 생각을 하며, 돈이 아니라 생명의 중요성을 앞세우는 의술이 되어야만 하지 아니할까요. 교회도 예외가 될 수 없습니다. 여러분들도 현재의 자리에서 현상이 아니라 본질의 중요성을 인지할 수만 있다면 분명 좋은 결과를 가져오게 될 것입니다. 우리 모두는 주어진 사명의 본질을 회복하는 은혜가 임하시기를 축원합니다."

당신은 현재 '현상과 본질의 길목 사이'에서 어느 위치에 서 있다고 생각하는가. 한번쯤 점검의 시간이 되었으면 한다.

나 하나쯤이야의 결과

어떤 상황 속에서도 나 하나가 매우 중요하다는
사실을 인지한 그 사람을 쓰신다.

탈무드에 나오는 이야기 가운데 하나이다. 어느 날 궁중에서 큰
잔치를 베푼다는 소식이 궁궐 밖의 신하들에게 들려왔다. 신하들은
잔치에 참여할 생각을 하니 마음이 너무너무 기뻤다.

그런데 왕은 잔치에 참여하는 신하들에게 한 가지 간절한 부탁을
했다. 이번 궁중의 잔치에 참여하는 모든 신하들은 한 사람도 빠짐
없이 빈손으로 오지 말고 각자가 포도주를 조금씩 가져오되 정성껏
준비해 가지고 와서 궁중 입구에 준비되어 있는 큰 항아리에 부어
놓으라는 부탁이었다. 그런 부탁을 한 왕의 심중에는 깊은 뜻이 담
겨 있었다. 왕의 뜻은 우리 모두가 한 나라의 백성이요 하나된 공동
체임을 확인해 보고자 하는 계기를 삼기 위함이었다.

드디어 기다리던 잔칫날이 다가왔다. 잔치에 초청을 받은 참석자
들은 모두가 왕의 명대로 포도주를 조금씩 준비해 가지고 왔다. 그

리고 신하들은 왕의 명대로 자신들이 가지고 온 포도주를 준비해 놓은 큰 항아리에 쏟아 부었다. 이를 지켜보던 왕의 마음은 너무 흐뭇했다.

잔치가 시작되었다. 왕은 기쁜 마음으로 신하들이 가져온 포도주를 함께 나눠 마시며 잔치를 즐기고자 했다. 그런데 이게 어떻게 된 일인가. 포도주의 맛을 본 왕은 크게 실망을 넘어 미래가 암담하기까지 했다.

신하들이 가져다 부어 놓은 포도주는 색깔만 포도주 색깔일 뿐 맛은 맹물과 같았기 때문이다. 참석자들 대부분이 모두가 다 '나 하나쯤이야.' 하는 마음에서 포도주에 물을 타서 가지고 왔기 때문이다.

기대했던 잔치는 엉망이 되었다. 함께 기뻐하며 즐기려 했던 왕은 할 말을 잊었다. 자신이 그렇게 믿었던 신하들이 그런 사람들이었을 줄이야.

이처럼 나 하나는 별것 아닌 것 같지만 공동체 속에서의 나 하나는 매우 중요하다. 나 하나의 힘은 공동체를 세울 수도 있고 또한 공동체를 무너지게 할 수도 있기 때문이다.

언젠가 필자는 길을 지나가는데 주머니 속에 구겨진 휴지 조각 하나가 손에 잡혔다. 이를 만지작거리다가 어디다 버릴까 휴지통을 찾았지만 길가에 휴지통이 보이질 않았다. 그래서 길가에 아무렇게나 버려 버릴까 생각을 하는 순간 신앙 양심상 도저히 버릴 수가 없었다. 필자는 주머니 속의 휴지 조각이 다 헤지도록 주물럭거리다가 결국은 집에 와서야 버렸다.

하나님은 어떤 사람을 쓰시는가. 하나님은 많이 배우고 똑똑하고 잘난 체하는 그런 사람을 쓰시는 것이 아니라 어떤 상황 속에서도 나 하나가 매우 중요하다는 사실을 인지한 그 사람을 쓰신다.

우리는 이제 '나 하나쯤이야.' 하는 안일한 생각을 버리고 나 하나가 얼마나 중요한 존재인가를 깊이 생각하며 기도하는 사람이 되었으면 참 좋겠다는 생각을 해 본다.

우면동에도 새로운 이름이

사도 바울은 로마서 11장 24절에서
예수님을 참 감람나무에 비유하고 있다.

우면동 성전이 있는 동네의 새 이름을 아시는가. 어느 날인가 우면동이라는 이름은 뒤로 밀리고 식유촌길이라는 새 이름이 등장했다. 우리도 예수를 믿게 되면 하늘나라에 새 이름이 생기는 것처럼 우면동도 이제 새 이름이 등장한 것을 보면 아마도 좋은 일이 나타나게 될 것 같다. 누구의 머리에서 나왔는지는 잘 모르겠지만 전국 골목골목의 주소가 새로 바뀌게 되었는데 우면동도 예외는 아니었다. 그래서 성전 주변 앞 도로의 이름도 이제는 식유촌길이라고 부르게 되었다. 본래 식유촌 마을은 서초구 우면동 600·602·603번지 일대에 있던 마을로서, 우마니 꼭대기 마을 근처에 버드나무를 많이 심었던 데서 마을 이름이 유래되었다고 한다.

하지만 동네의 이름이 식유촌으로 바뀌었다는 사실은 우연만은 아니라고 생각한다. 그래서 필자는 식유촌 마을의 이름을 또 다른 입장에서 해석을 하고 싶다. 이름을 바꾸되 바꾸는 김에 아주 확 바꿔 버리고 싶은 생각이 든다. 식유촌(植柳村)을 식유촌(食油村)이란 뜻으로 바꾸고 싶은 것이다. 글자 그대로 기름을 짜는 사람들이 사는 동네이다. 아니, 기도하는 사람들이 사는 동네, 즉 한국의 감람산이 되었으면 하는 바람의 뜻이다. 성전이 세워지기 전에는 식유촌이었지만 성전이 세워진 뒤에는 버드나무를 심었던 식유촌(植柳村)이 아니라 기름 짜는 동네라는 뜻의 식유촌(食油村)으로 바꾸고 싶다.

이스라엘의 식유촌은 감람산 밑에 있는 동네가 식유촌일 것이다. 그러기에 우면동의 식유촌과 이스라엘의 식유촌은 흡사한 데가 있다. 예수를 믿지 않았던 사람들이 지은 이름이 식유촌(植柳村)이라고 한다면 예수를 믿는 사람들이 이사를 와서 성전을 지었으니 식유촌(食油村)이라는 새 이름으로 불러야만 정답이 아닐까.

감람산은 예수님과 아주 관계가 깊은 산이다. 사도 바울은 로마서 11장 24절에서 예수님을 참 감람나무에 비유하고 있다. 그리고 이방인들을 돌 감람나무에 비유하면서 참 감람나무에 접붙임을 받아야만 열매를 많이 맺을 수 있다고 가르친다. 어찌하든 성도들은 참 감람나무가 되어야만 한다.

감람산에는 예수님께서 기도하시던 겟세마네 동산이 있다. 하나님의 뜻을 알기 위해 기도하셨던 곳, 밤새 땀방울이 핏방울이 되도록 기도를 하신 곳이다. 이때 제자들은 육신이 약하고 피곤하여 기도를 하지 못했다. 그 결과 가장 중요한 절호의 기회에 주님을 부인

하는 죄를 짓고 말았는데, 우리도 쉬지 말고 깨어 기도하는 성도가 되었으면 얼마나 좋을까.

우리도 예수님처럼 기도하며 각자에게 주신 십자가를 지고 그 길을 올라갈 수만 있다면….

성전의 휘장이 열린 것처럼 우리의 막힌 문제도 열릴 것이며, 아무리 돌 감람나무와 같은 사람이라 할지라도 참 감람나무가 되어 많은 열매를 맺게 될 것이다. 당신도 우면동에 세워진 광문의 기도동산에 올라와 모든 질병을 치료받고 회복의 영성을 체험했으면 참 좋겠다.

고목나무의 후회

얼마나 모진 세월을 참고 견뎠을까 짐작도 간다.
그러나 아무리 후회를 해 봐도 소용없는 일인데,
새로운 길은 정말 없을까.

오대산 계곡으로 수련회 갔을 때의 일이다. 수련회 이틀째 되는
날 오후, 우리는 청년부 일행과 함께 소금강 등산을 하게 되었다. 소
금강의 무릉계곡은 이름처럼이나 참 아름다웠다. 올라가면 갈수록
절경이었다. 계곡의 주변은 등산객들이 떠들어 대는 소리와 물소리
가 섞여 시끌벅적했다. 우리 일행도 앞서거니 뒤서거니 정상을 향해
올라가는데 나무들도 우리를 반기는 듯 산들바람에 가지를 흔들어
대며 인사를 하는 것 같았고, 계곡의 맑은 물웅덩이에는 하늘에서
선녀가 금세라도 내려올 것만 같은 분위기였다. 나도 정신없이 한참
을 올라가다가 무심결에 길옆에 넘어져 있는 큰 소나무 하나를 보게
되었다. 저렇게 큰 소나무가 어떻게 넘어졌을까 생각을 해 보니 며
칠 전 이곳을 지나간 태풍 때문에 넘어진 것 같은데, 그 계곡에도 예
외는 아니었던 것이다.

이때 내 머릿속에는 순간 번갯불처럼 스쳐가는 깨달음이 하나 있었다. 넘어진 소나무는 태풍 때문에 넘어진 것이 아니라 뿌리를 깊이 내리지 못한 까닭이라는 생각이었다. 태풍이 아무리 분다 해도 뿌리만 깊이 내렸었더라면 괜찮았을 텐데 참으로 안타까운 일이었다. 저렇게 자라기까지 얼마나 많은 세월을 참고 견뎠을까 짐작도 간다. 하지만 넘어진 뒤에는 아무리 후회를 해 봐도 소용없는 일이다.

엊그제는 성전 뒷산에 50년도 훨씬 넘게 자란 큰 참나무가 바람에 넘어졌다. 그렇게 큰 나무가 그리 쉽게 넘어지리라고는 꿈에도 생각을 못했다. 그런데 어젯밤 갑자기 불어닥친 강풍 때문에 나무허리가 부러지면서 넘어진 것이다. 쓰러진 나무토막이 집 쪽으로 넘어지지 않아 피해를 주지 않은 것만으로도 참 다행이구나 싶었다. 만약 저렇게 큰 참나무가 성전 쪽으로 넘어졌더라면 어떻게 됐을까 아찔했다. 그런데 알고 보니 겉으로 보기에는 멀쩡한 것 같았는데 속은 이미 다 썩어 비어 있었던 것이다. 참나무는 언제부터인가는 모르지만 외부의 환경을 견뎌 내지 못하고 속에 병이 든 것이다. 병이 들자 참나무는 환경에 따라 줏대 없이 이리저리 잘 흔들리게 되고 그리하다 보니 뿌리가 약해져서 병을 이겨 내지 못하고 결국 넘어진 것이다. 넘어진 참나무를 보면서 나는 정말 영, 육이 건강한가를 생각하게 된다.

일련의 일들을 보면서 믿음이란 무엇일까를 한번 생각해 보았다.

믿음을 한마디로 딱 정의하기는 쉽지 않겠지만 믿음이란 흔들리지 않는 것이다. 흔들리다 보면 나도 모르는 사이에 뿌리가 약해져서 넘어질 수가 있다. 사도 바울은 그래서 골로새 교회 교인들에게 다음과 같은 복음을 전했던 것이다. "그 안에 뿌리를 박으며 세움을 입어 교훈을 받은 대로 믿음에 굳게 서서 감사함을 넘치게 하라"(골2:7)

그렇다. 굳게 서 있는 길만이 기둥처럼 쓰임 받게 된다는 불변의 진리를 자연을 통해서 한수 배울 수 있었다.

내 마음에는 별이 하나 있다

칠흑 같이 어두운 밤이라 할지라도
새날은 밝아온다.

밤하늘에는 별이 뜰까 의심이 갈 정도로 별을 보며 감상에 젖어 본 지도 꽤나 오래된 것 같다. 특히 도심의 하늘은 더욱 그렇다. 동심의 날에는 별빛 쏟아지는 잔디밭에 홀로 누워 초롱초롱 빛나는 별을 세어 보며 저 별은 나의 별 저 별은 엄마별 하고 그 누군가를 그리던 때의 기억이 안개 속 주마등처럼 깜박인다.

지금은 그 별을 잊어버리고 산지가 꽤나 오래되었다. 여유가 없어서일까 아니면 감성이 메마른 탓일까. 아리송하지만 가끔 황혼이 질 때면 잊을 수 없었던 그 별 하나가 빛바랜 영상처럼 떠오를 때가 있다. 젊은 날 내 창가에 가장 밝은 빛으로 다가 왔던 별, 마음속까지 들어와서 밤새 몸부림의 용광로가 되어 주었던 그 별, 바로 그별이 금성이 아니었다는 사실은 철이 들고난 뒤에서야 알게 되었다.

금성은 그 이름도 여우처럼 다양하다. 저녁 무렵 서쪽하늘에서 방굿방굿 웃으며 떠오를 때 이름은 태백성 또는 개밥바라기라고도 부르고, 칠흑 같은 새벽 동녘하늘에 떠오를 때는 샛별 또는 계명성이라고도 하고, 어떤 이는 새벽에 뜬다 하여 새벽별이라고도 불렀다.

중요한 사실은 아무리 칠흑 같이 어두운 밤이라 할지라도 그 별이 떠오르면 언제나 밝은 새벽이 다가오는데, 내 인생의 진정한 또 하나의 새벽별은 어떤 별일까. 있는 걸까 없는 걸까. 반대로 내 인생을 가장 어둡게 하는 계명성이 있다면 그것은 무엇일까.

하나님은 어느 날 고향을 떠나 가나안 땅에 살던 아브라함에게 찾아오셔서 네 자손들이 저 하늘의 별과 같고 바다의 모래와 같이 번성하리라고 말씀하셨다. 어두운 하늘을 밝히는 별은 믿음의 자녀들을 일컬어 한 말일 게다. 사람들은 이 시대를 종말의 시대 또는 어두운 세상이라고들 말한다. 이처럼 어두운 세상 속에서 과연 누가 빛의 역할을 잘 감당할 수 있을까.

우리의 진정한 새벽별은 예수님이시다. 아무리 힘든 인생의 어두운 터널을 지나고 있는 사람이라 할지라도 그분의 빛이 임하시면 밝은 새날이 다가온다. 따라서 주님께 생명의 빛을 마음에 받은 사람은 그 자신도 누구에겐가 빛이 되어 줄 수 있다는 진리이다. 둥근 달처럼 말이다.

우리 모두는 어두움에 처해 있는 이웃들에게 좋은 날이 다가오고 있음을 알리는 새벽별의 역할을 잘 감당한다면 얼마나 좋을까 하는 생각을 해 보며 내 마음속에 떠오르는 별 하나를 그리움으로 포장한다.

"너희는 세상에 빛이라 (…) 사람이 등불을 켜서 말 아래 두지 아니하고 등경 위에 두나니 이러므로 집안 모든 사람에게 비취느니라"(마5:14-15)

내 마음의 해바라기

하늘을 바라본 만큼 그분은 언제나
해바라기의 삶 위에 함께했다.
당신에게도….

　담장 밑 잡초 사이에 해바라기 한 줄기가 우뚝 서 있다. 언제 누가
어떻게 왜 심었는지는 잘 알 수 없지만 하루가 다르게 잘 자란다. 언
제쯤 꽃이 필까. 어떤 색의 꽃이 필까. 궁금하지만 그것 또한 알 수
없다. 다만 해를 바라보고 있노라면 반드시 꽃이 핀다는 진리를 믿
는 해바라기는 그날을 기다리고 묵묵히 서 있는 것이다. "한 송이 국
화꽃을 피우기 위해 밤부터 소쩍새는 그렇게 울었나 보다."라고 노
래한 어느 시인의 노래처럼 한 송이의 꽃을 피우기 위해 그분은 오
늘도 얼마나 애를 태우실까. 해바라기는 오늘도 하늘에 소망을 두고
그날을 위해 인내하고 있다.

　왜냐하면 태양은 한 번도 해바라기를 실망시키지 않았기 때문이
다. 그와 같이 하나님도 요셉의 마음속에 꿈을 주시고 그 꿈을 이루
어 주셨듯이 사람들의 마음속에도 노란 꽃을 피우고 난 뒤 까만 씨

앗이 총총 박힌 것과 같은 해바라기가 있었으면 참 좋겠다. 요셉의 마음속에 큰 꿈을 주셨듯이 하늘을 바라본 만큼 믿어 준 만큼 언제나 해바라기의 삶 위에 함께했다. 마침내 해바라기는 꽃을 피우기 시작했다. 해바라기는 노란 꽃을 피웠다. 질투가 많아서일까 마음속에 있는 것이 밖으로 나온다는 말처럼 해바라기의 마음속에는 질투가 많았나 보다.

해바라기의 가슴에는 어느새 검은 씨앗들이 익어 가기 시작했다. 그리고 어느 날부터인가 해바라기는 고개를 숙였다. 겸손해서 고개를 숙인 줄 알았는데 그것은 씨앗 때문이었고 땅을 바라보는 순간 해바라기는 하늘 바라보는 것을 잊어버렸다.

땅을 바라보며 살던 해바라기는 언제부터인가 작은 바람에도 마음이 흔들리기 시작했다. 사람들의 소리에 귀를 기울이고 지나가는 작은 바람에도 흔들린다. 몸만이 아니라 마음까지도 흔들린다. 아니 그동안 믿고 바라보던 사랑까지도 흔들리기 시작 했다. 해바라기는 땅을 바라보다가 검은 씨앗처럼 죄의 씨앗들이 살아났는지도 모른다.

마귀는 오늘도 내 마음을 유혹하고 있다. 미혹되지 않도록 하늘만을 바라보는 참 해바라기가 되어야만 하겠다고 결심을 해 보지만 쉽지가 않다. 마음속은 언제나 까만 씨앗을 품은 해바라기가 서 있다. 속히 무성하게 자라는 해바라기 밭을 갈아엎어야만 할 텐데 하면서도, 해바라기는 오늘도 빛과 어둠 사이를 오가며 방황하고 있다.

제2장

무인 카메라처럼

당신도 어느 날 혜성처럼

무인 카메라처럼

지금도 누군가가 당신을 보고 있다면….

어떤 목사님이 부흥강사로 초청을 받고 가던 길이었다. 그곳은 너무너무 시골이라서 버스가 자주 다니지 않았다. 시간에 쫓긴 목사님은 어쩔 수 없이 택시를 타고 갈 수밖에 없었다.

달리는 택시에서 바라본 초여름 들판의 시골풍경은 참으로 아름다웠다. 길가의 밭두렁에는 한여름의 햇살에 참외와 수박들이 탐스럽게 익어 가고 푸른 하늘에는 길 잃은 외기러기 떼들이 하얀 뭉게구름과 함께 어디론가 정처 없이 날아가고 있었다. 누군가처럼 말이다.

이때 택시운전사는 갑자기 차를 세웠다. 그러고는 조용히 속삭이듯 말했다. "손님, 죄송하지만 잠시만 기다려 주세요."라는 말과 함께, "혹시 누가 나를 보는 사람이 있거든 누군가 보고 있다고 빨리 말씀을 좀 해 주세요. 알았죠?" 운전사는 밑도 끝도 없는 말을 남기고는 언덕 위로 달려갔다. 무슨 일일까 궁금한 마음도 있었지만, 아마 화장실이 급해서 가겠거니 했다. 그런데 이게 웬일인가. 운전사는 참외 밭으로 뛰어 들어가는 것이 아닌가. 그러고는 노랗게 익은 참외를 따기 시작하는 것이었다. 아마도 운전사는 노란 참외가 너무 먹고 싶었던 모양이다.

목사님도 철들기 전에는 참외서리를 한 적이 없었다고 말할 수는 없지만 목사가 된 지금 이럴 때는 과연 어떻게 해야만 하는 것일까.

목사님은 그날 저녁 부흥회를 인도하러 가던 길이었는데, 목사가 도적질하는 도적놈과 공범이 되어야만 하는가. 아니면 아무도 보지 않는데 누군가 보고 있다고 거짓으로 소리를 지른다면 거짓말쟁이 목사가 될 것이고, 참으로 난처한 입장이 되었다. 그때 목사님은 하나님께 긴급한 기도를 했다. '하나님 이럴 때는 어떻게 해야만 합니까. 목사가 공범이 될 수도 없고 그런가 하면 아무도 보지 않는데 누군가 보고 있다고 거짓말을 할 수도 없는 일이고요. 또한 약속을 어길 수도 없으니 주님께서 말씀해 주셔야만 되겠습니다.' 그때 하나님께서는 목사님에게 지혜를 주셨다.

목사님은 하나님께서 주신 지혜대로 손을 모아 입에 대고 큰 소리로 운전사가 있는 쪽을 향해 외쳤다. "여보세요! 운전사 양반, 지금 누군가가 당신을 보고 있어요." 깜짝 놀란 운전사는 허겁지겁 달려왔다. 그러고는 말했다. "손님 말씀해 주셔서 감사합니다. 그런데 누가 어디서 나를 보고 있던가요." 목사님은 조용히 하늘을 쳐다보며 말했다. "예, 하늘에서 하나님이 보고 계셨습니다."

믿음의 단계를 아는가

생명은 자라서 믿음이 되고
그 믿음은 구원의 첫 단계가 된다.

"믿음이 무엇일까요?"라고 당신에게 묻는다면 당신은 어떻게 대답할 수 있을까? 믿음을 한마디로 이것이다, 라고 대답하기란 결코 쉽지 않을 것이다. 왜냐하면 믿음이란 교회 안에서만 사용하는 것이 아니라 세상에 사는 모든 사람들도 다 나름대로의 믿음을 가지고 살기 때문이다.

그렇다면 교회 안의 믿음과 교회 밖의 믿음에는 어떤 차이가 있는 것일까. 아마도 그것은 하늘과 땅 같은 차이일 게다. 세상 사람들이 소유한 믿음을 혼적인 믿음이라고 한다면, 성도들이 소유한 믿음은 생명의 믿음이다. 또 하나의 차이는 혼적인 믿음이 득도를 할 때 천재가 될 수 있다면 생명의 믿음은 영재가 되어 하늘을 향한 길이 열리게 된다.

믿음이라는 씨앗이 심령의 밭에 심겨지면 그 믿음은 살아나서 다시 생명나무가 생기고 그 생명은 자라서 믿음의 나무가 될 수 있다. 때문에 생명의 믿음은 곧 구원의 첫 단계가 되는 것이다. 그러면 구원받은 성도의 초기 상태는 어떤 믿음일까. 의학적으로 설명을 하자면 식물인간처럼 생명은 있지만 자신의 의지대로는 아무 활동도 할 수 없는 존재이다. 세상의 의술로는 치료 불가능한, 그래서 그냥 지켜보며 기다릴 수밖에 없는 안타까운 일인 것과 마찬가지이다. 그리고 또 하나 그러한 단계의 믿음은 술, 담배, 세상을 온전히 끊지 못하고, 그냥 옛사람의 삶을 살게 된다. 이처럼 영적인 일이란 힘으로나 능으로 되는 일이 아니고 오직 하나님의 전적인 도우심이 필요한 사역이기 때문에 그렇다.

이처럼 예수를 믿어도 생명의 믿음이란 구원은 받았지만 자신의 의지로는 아무것도 할 수 없는, 어떻게 보면 세상 사람들과 똑같은 생활을 하는 아주 나약한 단계의 믿음이다. 그러므로 우리는 이러한 과정을 잘 알고 그들을 도와줘야만 한다. 생명은 하나님께로부터 받지만 그 다음부터는 자신이 처한 환경을 뒤로하고 날마다 교회에 나와 말씀을 들을 수 있어야만 한다. 아이가 태어나면 젖을 먹듯 말이다. 그리하면 아무리 나약한 믿음의 사람이라 할지라도 생명이 있는 믿음이기 때문에 자라게 된다. 그리되면 구원받았다는 확신의 믿음에서 태어남의 믿음으로, 그 다음은 걷는 믿음으로 한 단계 한 단계씩 자라게 될 것이다.

심리학자 프로이드는 인생이 태어나서 장성한 사람이 되기까지는 하루아침에 되는 것이 아니라 여러 발달단계를 거쳐야만 하는데 어느 순간 제자리에 '고착'되면 안 된다. 신체는 스무 살인데 정신나이가 다섯 살 먹은 아이처럼 성장이 그 자리에 '고착'되면 문제가 되듯 생명체는 계속 성장해야만 한다는 것이다.

이처럼 우리도 믿음의 단계를 잘 알아야만 한다. 현재 나의 믿음은 어디쯤에 서 있는가 판단할 수 있어야만 꽃피고 열매 맺는 믿음의 자리를 찾아가는 데 큰 도움이 될 것이며, "오직 유일한 길은 그리스도의 장성한 분량이 충만한 데까지 이르러야만 한다."

참과 거짓 사이에서의 나

참의 소리를 듣고 참의 삶을 사는
지혜로운 자가 될 수 있다면….

나는 지금 참과 거짓 사이에서 과연 어느 지점에 서 있는가. 참인
가 거짓인가. 아니면 아직도 방황하고 있는가. 사람들은 언제나 참
과 거짓 사이에서 어느 것이 참인지를 분별하지 못해 양다리를 걸
치고 살거나 방황한다. 이처럼 삶속에는 언제나 실(失)이 있는가 하
면 반대로 득(得)이 있는 것처럼 득과 실을 분별하기가 결코 쉽지 않
다는 것이다. 사람의 귀로 듣는 소리도 보면, 참을 듣는 귀가 있는가
하면 실을 듣는 귀가 있다고 사도 요한은 마지막 때를 살아가는 성
도들에게 증언하고 있다. "귀 있는 자는 성령이 교회들에게 하시는
말씀을 들을 지어다"(계3:13)

때문에 사람들은 누구나 어떤 것을 듣느냐에 따라서 들은 것을 말
하고 또한 자신이 말한 대로 행하거나 살게 된다. 그러니까 참을 들
으면 참을 말하고 참에 대한 복을 받게 되지만 실을 말하면 날마다

말하는 대로 잃어버리는 삶을 살게 된다는 것이 진리이다.

한 시대 거목으로 살다간 어거스틴도 보면 젊은 시절에는 어머니가 가르쳐 주는 참(眞)을 듣지 않았다. 그러다 보니 그의 삶은 꼬이기 시작하고 술과 향락에 빠져 방탕한 삶을 살다가 결국에는 이단에 빠져 수많은 시간을 탕진했다. 결국은 그는 자신의 어머니가 세상을 떠난 뒤에서야 비로소 깨닫게 된다.

세상에 빠져 살던 그는 어느 날 친구 집에 놀러 갔다가 정원에서 즐겁게 뛰어 놀던 어린 아이들을 바라보는 순간 귀가 열려 참의 소리를 듣게 된다. 그 소리는 성경 로마서 13장 13-14절의 말씀을 읽으라는 소리였다. 너는 "낮에와 같이 단정히 행하고 방탕과 술 취하지 말며 음란과 호색하지 말며 쟁투와 시기하지 말고 오직 주 예수 그리스도로 옷 입고 정욕을 위하여 육신의 일을 도모하지 말라"는 참의 소리였다.

어거스틴은 그때부터 마음을 돌이키기 시작했고 그 후 하나님께서는 암부로시우스 감독을 만나게 하셨다. 그때부터 말씀으로 거듭나자 영혼의 긴 방황을 종지부 찍고 초대교회 신학의 기틀을 세울 정도로 하나님은 그를 크게 사용하셨다. 뿐만 아니라 영적으로도 아주 존경받는 인물 가운데 하나로 손꼽히고 있다.

이처럼 사람은 좋은 환경이나 여건 때문에 변화되는 것이 아니라 무슨 소리를 듣느냐에 따라 인생은 달라질 수 있다. 아브라함 역시도 하나님의 참 소리를 듣고 갈대아 우르를 떠났을 때 복 있는 사람이 됐던 것처럼 중요한 것은 언제나 성령의 소리를 듣느냐, 아니면 세상의 소리를 듣느냐가 관건인데 그것은 그분을 인정할 때 귀가 열린다. 자신이 절망의 구렁텅이에 빠졌음을 인정하고 그 영혼이 또 다른 참의 길을 갈망할 때 축복의 기회가 주어진다.

사도 바울 역시 마찬가지이다. 그도 사울이었을 때는 믿는 자를 죽이는 데 가표를 던지며 핍박하던 사람이었다. 그런데 그가 다메섹 도상에서 예수의 음성을 들은 뒤 변하여 사도로서 전무후무하게 쓰임 받았음을 우리는 잘 알고 있다. 이들의 모든 공통점은 참의 소리를 들었다는 것이다. 즉 하늘의 소리를 들었다. 참을 들은 사람들은 어느 누구 할 것 없이 모두가 다 진리의 삶을 살다가 진리에 속한 복을 받고 그 진리를 전하다가 생을 마감했다. 이처럼 우리 모두 참의 소리를 듣고 참의 삶을 사는 지혜로운 자가 될 수 있다면 얼마나 좋을까. 참은 기쁨이고, 참은 행복이며, 참은 누림이며, 참은 자유이다. 오늘도 참과 거짓 사이에서 방황하고 있는 사람이 있다면 이 시간 하늘의 참 소리를 들을 수 있는 복된 귀가 열릴 수 있기를 간절히 소망해 본다.

산 까치의 아픔을

때가 되면 어떤 길이 정답이었는가
알게 될 그날이 다가오리라.

아침에 산 까치가 울어 대는 사연을 아시는가. 산 까치가 우는 울음 속에는 아마도 뜻깊은 사연들이 담겨 있지 아니할까. 산 까치가 한참을 울어 대더니 이제는 귀뚜라미가 창가에서 시끄럽게 울어 댄다. 귀뚜라미의 울음은 아마도 다른 울음이 아니었다. 알고 보니 가을을 부르는 울음소리였었나 보다. 어느새 바깥바람이 식어지는가 했더니 들판에는 어느새 오곡들이 탐스럽게 알알이 영글어 가고 뒷산의 나뭇잎들도 하나둘씩 세월의 힘에 깊이 물들어 간다. 세월은 참 요술쟁이인가 보다. 그가 머물다 가는 곳에는 항상 아름다운 고통의 흔적들이 남아 있다. 봄부터 여름 내내 서 있던 마당가의 감나무 역시도 별수 없는 것 같다. 어느새 가을에 푹 빠져 파란 잎들은 한잎 두잎 퇴색되어 떨어져 간다.

뒷산에 살던 산새들 역시 무슨 사연들이 있는지는 잘 모르겠지만 아침부터 부산하다. 가을이 온 것을 그들도 눈치 챈 모양이다. 어딘가로 떠나야 하는 철새들처럼 술렁거린다. 함께 어우러져 살던 텃새들이 철을 잊은 듯 짹짹거리며 푸드덕대는 날갯짓에 나뭇가지들도 춤을 춘다.

이제는 안 살 것처럼 싸우다가도 옷고름 또다시 고쳐 매는 인연처럼 함께 어우러지는 자연의 이치는 참으로 인간의 무지를 깨닫게 하는 거울과 같다.

성전 뒷산 참나무 가지 위에는 산 까치집이 하나 있다. 참나무가 흔들리면 까치집도 함께 흔들리고 까치집이 흔들리면 그 안에 살던 까치도 흔들린다. 그런데 이상한 일이 생겼다. 둥지 안이 며칠째 조용하다. 산 까치 부부가 멀리 여행을 갔는지. 아니면 싸우고 집을 나가 버렸는지 잘 알 수는 없지만 무슨 일이 있었던 것만은 사실인 것 같다. 여러 날을 눈 여겨 보았지만 산 까치 부부의 모습은 보이지 않았다. 오늘이면 오겠지. 아니, 내일이면 보이겠지. 기다렸지만 집을 나간 산 까치의 모습이 며칠째 보이지 않고 오리무중이다. 웬일일까 궁금했다.

그러던 어느 날, 산 까치 우는 소리가 들렸다. 나가봤더니 성전 앞 전봇대 꼭대기에 까치 한 마리가 찾아와서 울어 대는 것이다. '까-까-까-까-' 내 딴엔 참 반가웠다. 이제야 돌아왔구나. 그러면 그렇지, 살다 보면 힘든 일이 왜 없겠는가. 이런 저런 생각들이 뇌리에 떠오르기도 전 울어 대던 그 까치는 어디론가 말없이 휭-하고 날아가 버리고 말았다. 산 까치는 왜 한 곳에 머물러 있지 못하고 방황하는 것일까. 아마도 산 까치는 마음이 들뜬 것 같다. 주변의 어떤 놀이꾼들에게 미혹된 것이 아닐까.

결국 까치는 누군가의 꼬임에 빠져 자신을 지키지 못하고 돌이킬 수 없는 길을 택한 것이 아닐까. 하지만 후회할 날이 오지 않을까. 생각해 보면 참으로 안타까운 일이다. 지금은 그가 바른길을 선택했노라고 생각할지 모르겠지만 때가 되면 어떤 길이 정답이었는가를 알게 될 그날이 다가오리라. 오늘도 빈 둥지를 홀로 지키고 서서 밤새 울어 대는 산 까치의 아픈 그 사연, 아니 말할 수 없는 외로운 그 사연을….

능력은 생명이다

예수를 믿는 성도들은 능력의 사람인 것

　　얼마 전 나는 성전 옆 작은 텃밭에 알타리무를 조금 심었다. 알타리무를 심은 것은 꼭 김치를 담가 먹기 위해서라기보다는 키우는 재미의 쏠쏠함을 알기 때문이다. 조금은 힘이 들어도 고춧대를 하나하나 모두 뽑아내고 거친 땅을 곱게 고르고 알타리를 정성껏 심은 것이다.

　　한 주가 지나자 씨앗은 너나 할 것 없이 하나씩 싹이 터 오르기 시작했다. 모든 식물들은 처음 싹트기가 어렵지 싹이 나기 시작만 하면 하루가 다르게 무럭무럭 자란다. 이것이 생명의 능력이 아닌가 싶다. 그런데 지난 주일 오후에 문제가 생겼다. 교회창립감사예배 때 중고등부 아이들이 그 밭을 모두 밟아 버렸기 때문이다. 물론 일부러 알고 밟은 것은 아니지만, 새싹이 돋아나기만을 학수고대했던 나의 마음은 너무도 안타까웠다. 비록 학생들이 모르고 밟았다고는 하지만 한편으론 원망스럽기까지 했었다. 왜 밟았을까. 그러나 이미 질근질근 다 밟아 놓은 것을 어찌하랴. 안타까운 일이었지만 포기할 수밖에 없었다.

그 후 이삼 일이 지났을까. 우연히 길을 지나다가 밭을 보니 쓰러졌던 새싹들이 다시 살아나 있었다. 다 죽은 줄만 알았던 새싹들이 딱딱한 땅을 뚫고 다시 올라왔던 것이었다. 어떻게 된 일일까. 정말 기특했다. 아니 정말 기뻤다. 나는 감탄했다. 생명이 곧 능력이구나. 생명이 있는 한 환경은 얼마든지 극복할 수 있는 것이구나 하는 것을 새삼 깨닫게 되었다.

여기서 말하는 생명은 육의 생명이 아니라 하늘로부터 온 생명, 즉 주님이 주신 영원한 생명을 뜻한다. 그리고 예수의 생명이란 십자가의 생명이다. 죽어도 다시 살아난다는 것을 믿는 부활의 믿음인 것이다. 세상 사람들은 다 안 된다고 해도 주님이 하시면 된다는 믿음, 엘리야처럼 무너진 제단을 수축하고 기도하면 하늘도 열릴 수 있다는 믿음이 생명이고 능력인 것이다. 그러기에 예수를 믿는 성도들은 능력의 사람이다. 때문에 환경이 각박하고 사람들이 짓밟는다 해도 포기하거나 낙심하지 않고 하늘을 볼 수만 있다면 누구든지 새로운 삶을 시작할 수가 있다.

지금 당신에게도 감당하기 힘든 어려운 문제들이 앞을 가로막고 있는가. 그렇다면 두 손을 높이 하늘을 향해 올려 깍지를 끼고 손을 뒤로 젖히며 힘껏 가슴을 펴 보자. 그리고 믿음의 기지개를 켜 보면서 큰소리로 외쳐 보자.

"하나님! 딱 한 번만 도와주세요!"

신앙의 결심

그분의 도우심을 힘입고 끝까지
승리해야만 하는 것이다.

우리는 늘상 신앙생활을 하면서도 "이것이 신앙생활이다."라는 정의를 확실하게 내리지 못하는 경우들이 있음을 부인할 수가 없다. 왜 그럴까. 그것은 하나님과의 관계가 불확실하기 때문이 아닐까, 하는 생각을 해 본다.

사도 바울도 주님을 만나기 전에는 정체성이 불확실했었다. 때문에 믿는 자들을 괴롭히는 자였지만 다메섹 도상에서 예수님을 만난 뒤에 그는 변화되었다. 그리고 자신의 신앙에 대한 분명한 결심을 하게 됐다.

"나의 달려갈 길과 주 예수께 받은 사명 곧 하나님의 은혜의 복음을 증거하는 일을 마치려 함에는 나의 생명을 조금도 귀한 것으로 여기지 아니하노라"(행20:24)

사도 바울의 결심에 비춰 보면 믿음이란 변하지 않는 것이고 그것이 곧 생활이 되는 것이 아닐까. 즉 중간에 변질되는 것이 아니라 시작부터 끝까지 동일한 삶을 사는 것이라고 우리에게 가르쳐 주고 있다. 왜냐하면 믿음이란 어제나 오늘이나 영원토록 변하지 않는 것이고 신앙생활 역시 변하지 않는 믿음 위에 기초하고 서 있기 때문이다. 이해가 쉽지 않겠지만 만약 그분이 도우시기만 한다면 가능하다고 믿는다. 그렇다면 하나님은 언제 우리들을 도우실까. 아니 도우심이 먼저일까. 아니면 결심이 먼저일까.

남편 때문에 속을 많이 썩는 집사님이 계셨다. 집사님은 어느 날 큰 은혜를 받은 뒤 마음에 큰 결심을 하게 되었다. 오늘 저녁에 남편이 집에 들어오면 어떠한 경우라도 믿음을 보여 주며 좀 더 잘해 줘야겠다는 결심을 했던 것이다. 그런데 이게 어찌된 일인지 그날따라 남편은 술을 더 많이 퍼먹고 들어와서 횡설수설하더라는 것이다. 집사님은 한계를 느끼고 더 이상은 참을 수가 없어서 화를 버럭 내고 말았다. 잘해 주려고 했던 마음의 결심이 다 허사가 되고 만 것이다.

이와 마찬가지로 결심을 했다면 조금은 힘이 들고 상황이 변하더라도 참고 인내를 해야만 복음을 증거할 수 있는데, 아니 나를 보여 줄 수 있는데, 그게 그리 쉽지 않다. 우리도 사도 바울이나 룻의 결심이 되었으면 얼마나 좋을까. 그것이 어려운 이유는 대부분의 사람들이 신앙생활을 너무 쉽고 간단하게 생각하기 때문에 그렇다. 2%의 부족한 인내를 채울 수가 있어야만 하는데 2%의 부족한 인내를 채우지 못한 것이 결정적인 문제가 아닐까 하는 생각을 해 본다. 조금만 더 참고 인내하면 되는데….

하나님의 나라에 사는 사람들은 일을 해서 월급을 받고 사는 사람들이 아니라 내가 하고 있는 일의 즐거움 때문에 그 일을 하는 것이다. 그리고 한발 더 나아가 하늘에 상급을 받기 위해 일하는 사람들이다. 월급이란 믿는 자만 받는 것이 아니라 일을 하는 사람들이라면 누구든 동일하게 받는다는 사실은 두말 할 필요가 없다. 하지만 상급은 동일하게 받는 것이 아니라 어떤 게임을 했을 때 잘한 자에게 주는 것과 같은 특별한 보너스와 같다. 때문에 믿는 자는 월급을 넘어 상급을 받기 위한 게임에 참여하고 있다는 것을 잘 알아야한다. 그러므로 믿음의 사람들은 그 일이 힘들고 아무리 어렵다 할지라도 절대 중간에 포기하거나 소홀하게 해서는 안 된다. 왜냐하면그 일에는 분명 상급이 있기 때문이다. 그래서 조금은 힘들어도 참아야 하고 인내해야 하며, 최선을 다해야 하는 것이다. 그리고 그 일을 하지 말라 해도 끝까지 해낼 수 있는 결심이 필요한 것이다. 이와같이 믿는 자와 믿지 않는 자의 차이가 있다면 여기에 있다 할 것이다.

그러므로 신앙의 결심이란 한번 마음먹으면 힘들다고 중간에 포기하는 것이 아니라 그분의 도우심을 힘입고 끝까지 승리해야만 한다는 원리이다. 사랑하는 자여! 짧막한 이 글이 읽는 이들에게 작은 성공의 씨앗이 되었으면 한다.

당신도 어느 날 혜성처럼

아픔을 통하지 않고는
절대로 볼 수 없는 것들이 있다는 것을.

아무리 힘들고 어려운 시대라 할지라도 가끔은 혜성처럼 떠오르는 인물들이 있다. 사전 오기의 신화를 이룬 홍수환 선수의 예를 보자. 네 번이나 다운을 당하고 비틀거리는 선수를 볼 때 그 경기는 누가 봐도 패한 경기였고 끝나 버렸다고 생각했다. 그런데 그의 마지막 한방의 펀치는 경기를 확실하게 역전시키는 기적을 낳았다. 실망하고 있던 관중들의 마음이 통쾌하도록, 그리고 큰 승리의 함성을 지르게 했다. 홍수환 선수의 외마디가 기억난다. "엄마 나 챔피언 먹었어!"

이처럼 살다 보면 이제는 다 끝났구나 싶을 때 의외의 기적을 보여 주는 사람들이 있다.

언젠가 방송에서 이철환 집사의 간증을 들었다. 그는 노량진의 학원가에서 영어강사를 하며 하루하루를 지내고 있었다. 유명세도 꽤 있었다. 그런데 그에게는 학원 강사마저도 지탱하기 힘들 정도의 고질병이 있었다고 하는데, 그 병은 '이명'이다. 귀에서는 항상 전기톱으로 나무를 자를 때와 같은 큰 굉음소리가 그를 계속 괴롭혔다. 고통을 견디기 위해 저녁만 되면 술을 마셔야 했고 그 후유증은 점점 몸과 마음만 쇠약하게 만들어 갔다.

어떻게 하면 이 고비를 잘 넘을까. 그는 그 고통을 이겨 내기 위한 새로운 길을 찾았다. 그 길이 소설을 쓰게 된 계기가 되었다고 한다. 글을 쓰다 보면 집중력이 생길까 하는 생각에서였다. 하지만 그 일도 쉽지가 않았다. 밤을 새우며 쓴 원고는 출판사에 보내는 족족 거절을 당했고 그때마다 절망과 포기하고 싶은 생각들이 그를 괴롭혀 왔지만 그는 묵묵히 주님께 기도하며 계속 글을 썼다고 한다.

그러던 어느 날 한 통의 전화가 왔다. 전화의 내용인즉『연탄길』을 쓴 작가를 찾는 것이었다. 알고 보니 그분은 모 출판사의 편집국장이었는데, 자신이 출판사의 책임자로 와서 책상을 정리하다가 책상 안에 웬 낡은 원고가 하나 있어서 읽어 보니 글이 괜찮아서 전화를 했다는 것이다. 먼저 근무하던 직원이 원고를 책상 서랍 속에 버려둔 채로 회사를 퇴직했는데 그 원고가 후임자의 눈에 띄었던 것이었다.

이철환 작가는 사람을 잘 만나 책을 출판하게 되었고, 그렇게 출판된『연탄길』은 출간되자마자 독자들의 사랑을 한 몸에 받으며 350

만 부 이상이 팔리는 베스트셀러가 되었다. 무명이던 그는 어느 날 갑자기 혜성처럼 떠오른 유명인이 된 것이다. 그의 글에는 다음과 같은 내용이 담겨 있다.

"오랜 시간의 아픔을 통해서 깨달은 것이 하나 있다. 현재의 아픔은 그냥 아픔으로 끝나는 것이 아니라 미래의 나를 나 되게 하는 약이 될 수 있다는 것을, 아픔을 통하지 않고는 절대로 볼 수 없는 것들이 있다는 사실을."

누가 뭐래도 하나님은 신실하신 분이다. 그리고 그의 약속은 분명 헛되지 않는다. 무명시절은 계속되지 않는다. 무명시절을 지나다 보면 분명 유명인이 되는 기회가 주어진다. 무명 없는 유명은 없다.

당신도 그처럼 넘기 힘든 고비에 서 있는가. 그리고 고통스러운 무명의 때가 너무 길다고 생각되어 한숨을 쉬고 있지 않은가. 그렇다면 홍수환 선수처럼 마지막 한방의 기적을 생각해 보자. 그리고 이철환 작가처럼 그 누군가를 만나기만 한다면 분명 당신도 혜성처럼 떠오를 수 있는 기적 같은 그날을 맞게 될 것이다.

"혜성처럼 떠오를 그날을 위해!"

영적인 분별력

주의 영은 매우 인격적이신 분이시라는
것을 새삼 깨닫게 되었다.

영적분별력은 한마디로 능력이다. 능력이란 남들이 하지 못하는 것, 보지 못하는 것들을 보게 하는 것이다. 하늘을 날아다니는 비행기를 보자. 그 비행기는 그냥 가는 것 같지만 분명 다니는 길이 따로 있다. 다만 그 길이 우리 눈에 안 보일 뿐이다. 그러면 우리 눈에 안 보인다고 부정할 수 있는가. 그럴 수 없는 일이다. 왜냐하면 전문가의 눈에는 그 길이 확실하게 보이기 때문이다.

이처럼 영적인 세계도 같은 이치이다. 육신의 눈으로는 그의 아름다운 세계가 보이지 않겠지만 믿음의 눈을 뜨면 분명 그의 아름다운 세계가 보일 뿐만 아니라 분별하게 된다.

특히 그 나라는 모든 사람들에게 허락된 것이 아니라 개인적인 체험이나 믿음의 눈을 통해서만 볼 수 있는 나라이기 때문에 주관적인 경향이 없지 않겠지만 열매를 보면 그 나무가 어떤 나무인지를 알 수 있듯이 바른 영의 역사는 분명 좋은 열매로 나타나게 된다. 이처럼 영적 분별력은 남들이 보지 못하는 영의 세계를 보고 임하신 영이 우리들에게 전달하시고자 원하는 뜻이 무엇인지를 알아낼 수 있는 특별한 하늘의 지혜를 말한다.

나는 영의 깊은 세계를 체험하고 영적인 사역을 하면서 주의 영은 매우 인격적이신 분이시라는 것을 새삼 깨닫게 되었다. 그리고 주의 영은 하나님과 동일하게 세상에 충만하게 계시지만 아무에게나 임하시는 것이 아니라 믿는 자들에게 나타나셔서 하나님의 뜻을 전달하시거나 하나님이 택한 종들이 그 사역을 수행하는 데 부족함이 없도록 힘과 능력을 부어 주시는 분이시다.

환경을 이기게 하시고 묶인 것을 풀리게 하시며, 원하는 것들을 끌어들이는 일들을 돕는다는 것이다. 그러기 때문에 하나님의 영이 임하시면 영의 인격에 손상이 가지 않도록 그분을 인정해 드리고 그분의 능력이 나를 통하여 나타날 수 있도록 우리 자신을 온전히 내어 드려야만 한다.

특히 하나님은 일을 하실 때 사건 하나하나에 개입하셔서 일을 하시기 때문에 그때그때 나타나신 성령의 일하심을 훼방하거나 떠나시지 않도록 깊은 주의를 기울여야만 한다.

20여 년 전의 일이다. 당시 나에게는 부흥사의 영이 임했었다. 그런데 어찌된 일인지 그때 임하셨던 부흥의 영이 상처를 받게 되었고 그 부흥의 영은 나를 떠나 버렸다. 그리고 나는 부흥의 영이 떠났다는 사실 자체도 몇 년이 지난 뒤에서야 비로소 깨닫게 되었는데, 부흥사의 영이 떠나면 부흥의 길이 안 열린다는 것이 특징이다. 이처럼 영적인 세계는 매사가 다 동일하다.

그때 나에게 찾아온 부흥사의 영은 내가 부흥사역을 잘할 수 있도록 돕기 위해 오셨었는데, 영적관리를 잘 못했던 것이 나의 실수였다.

그런데 그때 떠났던 부흥사의 영은 수년 전에 내게 다시 찾아왔다. 어떻게 다시 찾아왔느냐고 묻는다면 확실한 대답일지는 모르겠지만 사모하는 마음을 주신다. 그리고 그 마음을 붙잡고 기도하면 회복될 수 있는데, 회복이란 상처받았던 부흥이란 단어를 다시금 치유하고 만들어 내는 것이다. 부흥이라는 단어가 살아나면 이상하게 그분이 찾아오시고 그분이 찾아오시면 이상하게 부흥사역이 열리게 된다. 이를 바꿔 말해 보자. 전도의 단어가 생기면 전도가 되고 치유의 단어가 생기면 치유가 된다. 즉 좋은 일이 생겨나리라는 단어가 생기면 좋은 일이 일어난다는 하늘의 원리이다.

비록 늦게 깨닫기는 했지만 지금이라도 깨닫게 된 것을 나는 무척 기쁘게 생각하며, 영의 싹은 매우 민감하기 때문에 마음을 상하게 해서는 안 된다는 교훈이다.

우리에게 힘겹게 찾아오신 주의 영을 훼방하지 말자. 떠나버린 뒤 하나님이 어디 계시냐고 후회하지 말고, 영의 인도를 받는 능력 있는 일꾼들이 되었으면 한다. 당신도 성공의 기회를 주신 사역의 영과 함께 동역한다면 큰일을 해낼 것이다. 기도할 때 기도의 영이 임해야 하고 찬송할 때는 찬송의 영이 임해야 하듯이 사역을 할 때는 사역의 영이 임해야만 큰 사역을 잘 감당해 낼 수가 있다.

　이처럼 우리는 언제나 영적 분별력의 촉각에 불을 지펴야만 할 때가 내일이 아니라 항상 지금이 곧 기회라는 사실을 깨닫고 영의 임재를 사모하는 심령이 되었으면 참 좋겠다.

사랑의 또 다른 방정식

제3장

있을 때 잘했더라면

새싹에는 독이 있다

용서할 수는 없는가

용서는 진정한 화해이고
또한 그것은 인생사를 풀어 가는
아주 중요한 열쇠가 된다.

당신은 지금 당신 앞에 서 있는 그 누군가를 용서할 수 있는가. 만약 그를 용서할 수만 있다면 당신의 앞길이 열릴 것이다.

"진실로 너희에게 이르노니 무엇이든지 너희가 땅에서 매면 하늘에서도 매일 것이요 무엇이든지 땅에서 풀면 하늘에서도 풀리리라"(마18:18)

이때 베드로가 예수님께 다음과 같은 질문을 한다. "만약 형제 가운데 죄를 범하면 한 일곱 번쯤 용서를 하면 되겠습니까."라고 물으니 예수님께서는 또 "일곱 번뿐 아니라 일흔 번의 일곱 번이라도 용서를 해야만 된다."고 하셨다. 이 말씀의 깊은 뜻은, 용서가 그만큼 중요하다는 것을 강조하는 것이다. 그러면 왜 용서가 그리 중요한가. 용서하는 것이 곧 화해이고 그 길이 풀리는 길이기 때문이다. 그리고 용서는 사랑과 함께 동전의 양면과 같은 동의어, 즉 사랑의 또 다른 표현이다. 그러므로 사랑이 없는 용서는 진정한 용서가 될 수 없다. 때문에 사랑이 용서이고 용서가 곧 사랑인 것이다. 골로새서 3장 14절의 말씀에도 보면 바울은 "이 모든 것 위에 사랑을 더하라"고 가르친다. 여기서 '이 모든 것'이란 관계에서 일어나는 모든 행위를 뜻한다.

그렇다면 앞서 언급한 말씀 가운데 '무엇이든지 땅에서 풀면'이란 말씀의 깊은 뜻은 또 무엇일까. 그것은 하나님과 나 그리고 너와 나 사이에 막힌 담을 풀어야 한다는 말씀, 즉 회복되어야만 한다는 뜻이다. 마태복음 5장 22-24절 이하의 말씀에도 보면 형제를 미워하거나 원망 들을 일이 있거든 먼저 그 문제를 해결해야 된다고 가르친다. 네가 만약 제단에 예물을 드리다가 즉 예배를 드리다가 형제에게 원망들을 만한 일이 생각나거든 먼저 가서 형제와 화목하고 그 후에 와서 예물을 드리라는 말씀으로, 이 말씀의 뜻은 예배나 예물보다도 더 중요한 것은 화해라는 것이다. 하나님과 화해가 된 사람은 이웃과도 화해가 되어야만 하는데 그 화해는 진정한 자기 용서로부터 시작이 된다.

사람들은 용서라는 단어의 개념을 잘 이해하지 못하거나 오해하고 있는 경우가 종종 있다. 화해와 용서는 같은 것이 아니라 약간 다르다는 것을 알아야만 한다. 화해가 관계회복을 치료하는 약이라고 한다면 용서는 자기내면의 상처를 치료하는 약이 된다. 즉 내면에 있는 상처가 먼저 치료되지 못하고는 상대와의 화해도 있을 수 없다는 말이다.

용서는 누군가와 사과를 하거나 누군가를 용서하는 것이 아니라 먼저 자기 내면의 상처를 치료하는 것이 진정한 용서의 뜻이 되는 것이며 마음의 상처가 치료되었을 때 상대와의 진정한 화해도 이루어질 수 있게 된다는 말이다. 만약 용서를 했다고 하면서도 언제나 상대를 비방하거나 불평을 하게 된다면 그는 진정한 용서가 아니라 거짓용서를 한 것이 된다.

이처럼 하나님과도 진정한 화해가 이루어지지 않은 사람은 늘 하나님을 비방하거나 불평을 하게 되는데 불평이나 비방은 상대가 잘 믿어지지 않을 때 나타나는 현상이다. 또한 이러한 현상은 자신의 앞길을 자신이 막는 결과를 초래하게 된다는 사실이다.

그러므로 중요한 것은 남이 아닌 자신의 내면 속에 응어리 진 미움을 자신이 먼저 용서해야만 상대와도 진정한 화해가 이루어지게 되고 또한 그것이 인생사를 풀어 가는 데 아주 중요한 열쇠가 된다는 사실을 잊지 않았으면 참 좋겠다.

위기는 곧 기회일까

"생각건대 현재의 고난은
장차 우리에게 나타날 영광과
족히 비교할 수 없다"
(롬8:18)

　일본 기업가 마쓰시다 고노스케는 다음과 같은 말을 했다. "하늘이 가난을 주었기에 부지런함을 얻었고, 병약함을 얻었기에 건강의 소중함을 깨달았다. 그리고 충분한 교육을 받지 못했기 때문에 다른 모든 사람을 스승으로 삼게 되었다."

　그는 23세에 회사를 설립해 독특한 경영철학으로 불황을 극복하고 조그마한 전기회사를 세계적인 기업으로 성장시켰으며, 그로 인해 일본의 재계에서는 그를 '경영의 신'이라고까지 불렀다.

　또한 그는 살아생전에 의미심장한 한마디의 말을 남겼는데, "호황도 좋지만 불황은 더욱 좋다."라는 것이다. 이는 무슨 뜻일까? 불황은 오히려 출발점으로 다시 돌아가 잘못된 것들을 바로잡을 수 있고, 재점검을 통하여 자신의 힘을 객관적으로 살필 수 있는 기회이기 때문이라는 것이다.

세상을 살다보면 좋은 일도 많이 일어나지만 때론 반대로 감당하기 힘들고 어려운 환경들이 갑작스럽게 몰아닥칠 때가 있다. 그럴 때면 사람들은 문제 해결의 실마리가 보이질 않아 당황하거나 낙심하여 주저앉게 된다. 그리고 환경을 원망하거나 주변 사람들까지 원망의 대상이 된다. 그런데 중요한 것은 누구를 원망한다고 해서 그런 문제들이 해결되는 건 아니다. 근본적인 해결 방법은 고노스케의 말처럼 출발점으로 다시 돌아가 무엇이 문제인가 원인을 새롭게 점검할 수 있는 기회로 삼아야만 한다.

　이스라엘 백성들은 하나님께서 택한 백성들이었다. 때문에 그들은 어디를 가도 잘 살아야만 하는 백성들이다. 그런데 그들은 이상하게도 생각만큼 풍성한 삶이 되지를 못하고 항상 고난과 가난에 시달려야만 했다. 그 이유는 무엇일까. 이유는 단 한 가지, 하나님을 멀리했기 때문이다. 자신들은 나름대로 하나님을 잘 섬긴다고 했었는데 하나님 편에서 볼 때는 무엇인가 부족했었다. 그렇다면 이스라엘 백성들은 그것을 빨리 깨달아야만 하는데 그것을 깨닫지 못했다는 것이 제일 큰 문제였다. 그러므로 환경이 어려울 때면 항상 가장 먼저 점검해야 될 우선순위는 다른 것이 아니라 신앙의 재점검이라는 사실이다.

　왜냐하면 그 백성들은 자신들을 돕고 계시는 그분을 멀리 떠나 있으면서도 떠나 있는 줄을 모르고, 또한 우상을 섬기고 있으면서도 우상 섬기는 줄을 알지 못했기 때문에 하나님께서 주신 땅이었지만 가나안 실패의 주된 원인이 되었고 그뿐만 아니라 B.C.586년에는 그들의 삶에 중심점이었던 성전마저 이방인들의 힘에 의해 완전히 무너져 버리게 된 것이다.

하나님은 믿는 자들에게 어려움을 주시는 분이 아니다. 만약 누구에겐가 어려움이 있다면 그것은 분명 또 다른 이유가 있다. 하나님을 떠나 있거나 아니면 자녀가 미워서 그런 것이 아니라 더 좋은 것을 주시기 위함이 아닐까. 오늘 주님 앞에 바로 서 있을 수만 있다면, 아니 조금만 더 인내하고 기다릴 수만 있다면 좋은 날은 반드시 다가올 것이다. 한 시대 큰 인물로 쓰임을 받았던 다윗은 다음과 같이 고백을 했다. 고난당하는 것이 내게 유익이었었다고….

그런가 하면 사도 바울은 로마 교회에 이렇게 편지를 했다. "생각건대 현재의 고난은 장차 우리에게 나타날 영광과 족히 비교할 수 없다"(롬8:18)고.

그렇다면 이 시대에 꼭 필요한 지혜는 무엇일까. 그것은 현재의 위기를 역전시킬 수 있는 신앙철학 곧 바울과 같은 신앙고백이다. '고난의 너머에는 분명 좋은 날이 있다는 것'을 기억했으면 좋겠다.

있을 때 잘했더라면

피터 콜릿이 쓴 『행복의 연금술사』를 보면 다음과 같은 글이 적혀 있다.

어느 날 현자가 길을 가다가 젊은 여인 하나를 만나게 되었는데 그 여인은 현자에게 이런 하소연을 털어놓았다.

"나는 아랫마을 사는 아무개 에미인데 저는 정말 너무 속상해서 못살겠어요. 아마 이 세상에 나처럼 불행한 사람은 없을 겁니다. 남편을 보나 자식을 보나 희망이 없고 환경을 봐도 앞뒤가 꽉 막혀 미칠 지경이에요."

이제는 참을 만큼 참았는데 더 이상은 참을 수가 없어서 모든 것을 끝장내려고 떠나려던 참이었다는 푸념이었다.

이때 현자는 밑도 끝도 없이 그녀가 안고 있던 보따리 하나를 낚아채 어디론가 뛰기 시작했다. 그녀는 그 보따리를 찾기 위해 안간

힘을 다해 정신없이 뛰어 갔지만 길을 잘 알고 도망간 현자를 쫓아 갈 수가 없었다. 엎친 데 덮친다는 말이 있듯이 기가 막혔다. 조금이라도 도움을 얻어 볼까 하여 만났던 현자마저 자신의 보따리를 훔쳐 도망갈 줄이야, 설상가상이 아닌가.

마지막 희망이었던 보따리까지 잃어버린 그녀는 앞이 캄캄했고 땅이 꺼지도록 한숨을 쉬었다. 재수 없는 사람은 뒤로 넘어져도 코가 깨진다고 하더니 아무리 생각을 해 봐도 이 세상에 자신같이 불행한 사람은 없을 것 같다는 생각이 머리를 짓눌렀다.

그런 사이 한참을 도망가던 현자는 그녀가 잘 지나다니는 길가에 훔쳤던 보따리를 놓고 숨어서 기다리고 있었다. 얼마의 시간이 지났을까, 힘을 잃은 그녀는 세상의 짐을 다 짊어진 사람처럼 터덜터덜 걸어오다가 눈앞에 보이는 자신의 보따리를 보고 깜짝 놀랐다. 정신을 차리고 보니 조금 전에 잃어버렸던 그 보따리가 눈에 띈 것이다. 순간 그녀의 마음속에는 자신도 모르는 기쁨이 밀려오기 시작했다. 그 순간 불행하다는 생각은 어디론가 다 없어지고 감사한 생각이 마음 깊은 곳에서 솟아올랐다. 그리고 그녀는 자신도 모르게 큰 소리로 외쳤다. "하나님 보따리를 찾게 해 주셔서 감사합니다. 정말 감사합니다, 하나님."

이때 길가에 숨어서 보고 있던 현자는 그녀 앞에 조용히 다가가서 말했다. "행복은 그 무엇인가를 잃어버리고 난 뒤에야 비로소 그 가치를 발견하게 되는 것이죠."라고.

행복이란 있을 때에는 그것이 행복임에도 불구하고 행복인 줄을 모른다는 것이다. 행복이란 세잎 클로버와 같은 것인데 우리는 어찌 된 일인지 찾기 힘든 네잎 클로버, 즉 행운을 찾다가 눈앞에 보이는 수많은 행복을 잃어버리는 경우가 많다는 것이다.

우리에게 진정한 행복의 씨앗은 무엇일까. 행복은 특별한 것에 있는 것이 아니다. 아주 잊어버리기 쉬운 소소한 것 그 자체가 행복을 만드는 씨앗이다. 때문에 우리는 지금 눈앞에 보이는 현실을 중요하게 생각하고, 있을 때 잘해야만 한다는 불변의 진리를 깨달을 수 있어야만 한다.

한적한 곳의 은혜

아무리 바쁜 세상이라고 해도
때론 한적한 곳의 쉼이 꼭 필요할 때가 있다.

수년 전 나는 성경을 읽기 위해 기도원에 올라간 적이 있었다. 아니 솔직히 말하자면 성경을 읽기 위해서 올라갔다기보다는 오히려 힘든 세상을 피해 갔다는 것이 더 옳은 대답일 것이다. 어찌됐든 나는 아무도 찾지 않는 깊은 기도원에서 세상과 단절하고 성경을 읽으며 기도를 했다. 지금 생각해 보면 하나님이 도와주지 않으셨다면 과연 한 달 동안에 성경을 창세기부터 요한계시록까지 십여 독 이상을 읽을 수 있었을까. 그때는 잘 몰랐는데 지금 생각해 보면 정말 은혜 중에 은혜가 아니었는가 하는 생각이 든다.

성경을 읽는 하루하루는 즐겁고 꿈같은 시간이었다. 성경을 읽는 동안 바위 틈새에서는 생수까지 한 방울씩 떨어져 목을 축일 수도 있었고 두고 온 집에서는 기적이 하나둘씩 일어나기 시작했다. 얽히고설킨 문제들이 하나둘씩 풀리기 시작했다. 집사람은 그 소식을 전

해 주기 위해 동역자들과 함께 버스를 타고 먼 수도원까지 불고기를 싸들고 찾아오기를 여러 차례. 나는 그때서야 문제들이 어떻게 해야만 풀리는지를 깨닫고 체험하게 되었다. 하나님을 가까이하는 길이 곧 말씀을 가까이 하는 길이고 말씀을 가까이할 때 환경이 풀린다는 사실을.

기도원에 올라간 지 20여 일쯤이 지났을 때의 일이다. 늦은 오후 하늘을 향해 기도를 하던 중에 갑자기 마음이 뜨거워졌다. 나도 능력을 받아야만 하겠다는 생각이 불같이 일어났다. 그리하여 나는 하나님께 매달렸다. '하나님 나에게도 능력을 주세요. 그래야만 사명을 감당할 수가 있잖아요.' 큰 소리로 울부짖으며 기도했다. 그때 내 입에서는 나도 모르게 341장의 찬양이 흘러나왔다.

너 하나님께 이끌리어 일평생 주만 바라면
너 어려울 때 힘주시고 언제나 지켜주시리
주 크신 사랑 믿는 자 그 반석 위에 서리라
너 설레는 맘 가다듬고 희망 중 기다리면서
그 은혜로우신 주의 뜻과 사랑에 만족하여라
우리를 불러 주신 주 마음에 소원하신다

그때 건너편에 섰던 소나무들은 갑자기 성도들로 변했다. 그리고 그들은 내 찬양에 맞춰 손을 높이 들고 함께 찬양을 했다. 그 수를 생각할 때 헤아릴 수 없었다. 내 편이 되어 나를 응원하는 것 같았다. 하늘의 영이 나를 사로잡았다.

주 찬양하고 기도하며 네 본분 힘써 다하라
주 약속하신 모든 은혜 네게서 이뤄지리라
참되고 의지하는 자 주께서 기억하시리 (찬341)

그때 하나님께서는 나의 기도를 외면하지 않으시고 찾아오셔서 다음과 같은 말씀으로 응답해 주셨다.

"볼찌어다 내가 내 아버지의 약속하신 것을 너희에게 보내리니 너희는 위로부터 능력을 입히울 때까지 이 성에 유하라 하시니라"(눅 24:49)

나는 응답 주심에 감사 감사했다. 그런데 큰 문제가 생겼다. 왜냐하면 위로부터 능력을 입혀 줄 때까지 이 성을 떠나지 말라고 하니 과연 언제 입혀 주실 것인가. 언제까지 기도를 해야만 능력을 입혀 주실지 걱정이 됐다. 사도행전 1장 4절에도 보면 예수님께서도 제자들에게 약속을 받기 전에는 예루살렘을 떠나지 말라고 하셨다. 만약 능력을 받지 못하고 하산을 한다면 어떻게 될까. 약속을 받는 것 외에 다른 방법이 없다는 말씀은 나에게 큰 위압감이 되었다. 괜히 기도를 했다는 생각이 들 정도였다.

나는 두 손을 높이 들고 외쳤다. "주여! 주여…!" 한탄강 건너 하늘을 바라보며 목이 터져라 주를 찾았다. '하나님 내게도 능력을 주세요. 능력을 주셔야만 저도 주의 일을 할 수 있잖아요.' 손을 높이 들고 간절히 기도하던 그때 주님이 말씀하셨다.

"능력은 다른 것이 아니라 '말씀'이 곧 능력이니라."

나는 새삼 깨닫게 되었다. 말씀이 능력이라는 사실을. 때문에 나는 그때부터 그 어떠한 경우라 할지라도 영적·육적 문제해결의 키는 오직 말씀이라고 믿는다. 세상에 예수를 믿는 사람이 말씀을 안 믿는 사람이 어디 있겠느냐고 반문할 수도 있겠지만 하나님의 음성을 듣고 바라보는 말씀은 다르다.

때문에 나는 언제나 세상방법을 앞세우지 않는다. 때로는 말씀 사역의 방법이 늦은 것 같았지만 늦은 것이 아니라 오히려 조금 더 빨리 갈 수 있는 지름길이 된다는 확신이다.

하나님은 결코 나를 실망시키지 않았다. 큰 일을 행하셨다. 따라서 능력을 받으려면 성경을 많이 읽으면 된다. 그리고 그 능력은 능력을 넘어 은사로 나타난다. 반대로 성경을 읽지 않으면 능력은커녕 믿음도 자라지 않는다. 특히 믿음이 자라지 않으면 은혜로만 신앙생활을 하게 되고 은혜는 풍성과 같아서 순간에 터져 버리는 경우가 많다. 그러다 보니 신앙생활에 힘이 없고 힘이 없다 보니 세상을 정복하지 못하게 되는 결과를 낳게 된다.

"하나님의 말씀은 살았고 운동력이 있어 좌우에 날선 어떤 검보다도 예리하여 혼과 영과 및 관절과 골수를 찔러 쪼개기까지 하며 또 마음의 생각과 뜻을 감찰하나니"(히4:12)

말씀이 곧 예수다. 그런데 우리는 과연 성경을 얼마나 읽고 있는지. 말씀의 무기가 있어야만 세상을 이긴다는 사실은 불변의 진리이다. 때문에 아무리 바쁜 세상이라 할지라도 때론 한적한 곳의 쉼터가 꼭 필요하다. 예수님도 한적한 곳에 가서 쉴 때가 있어야만 한다고 가르쳤다. 쉬면서 말씀을 채워야 하고, 영적인 힘을 공급받아야만, 사역의 새로운 시작점이 될 수 있기 때문이다(눅5:16). 영성과 육의 건강은 동전의 양면과 같아서 육이 건강해야만 영도 건강할 수 있다는 교훈이다.

다윗이 대적자들에게 쫓겨 힘들고 어려울 때 찾아 갔던 곳은 아둘람 굴이다. 이곳은 육신의 쉼이 있는 장소였고 돕는 자를 모으는 장소였으며, 이스라엘 왕으로 등극하는 출발점의 장소가 되었던 것이다.

지금 우리에게 가장 필요한 것이 있다면 그것은 무엇일까. 바로 예수님처럼 '한적한 곳의 은혜'가 아닐까.

하늘나라의 방정식

"세상의 생명은 육체가 되고 육체의 생명은 혼이 되며
혼의 생명은 믿음인 동시에 믿음의 생명은 예수다."

사람이 세상을 살아갈 때 좋은 일들만 있으면 얼마나 좋을까. 그런데 세상을 살다 보면 누구나 한두 가지씩의 크고 작은 문제들은 있게 마련이다. 어떤 사람은 앞에 놓인 문제 때문에 앞이 캄캄할 수도 있다. 그리고 사람들은 그 문제들을 해결하기 위해 불철주야 방법을 강구하며 최선을 다해 보지만 우리가 생각하는 것처럼 그리 쉽게 해결되지 않는다. 때문에 그러한 고민의 무게들은 날로 더해 가는데 이 글을 쓰는 나 역시도 예외는 아니다. 당면한 문제들은 함께 풀어야만 될 명제인데, 이러한 문제들은 사람들의 노력만으로는 불가능한 일들이기 때문에 고민이 깊어진다.

그렇다면 해결방법은 없는 것일까. 다만 한 가지 방법이 있다면 그것은 하늘나라의 공식일 게다. 그렇다면 그 공식은 무엇일까. 하늘나라의 공식은 다음과 같다. 즉, 미지수가 존재하는 공식에 답을 찾는 것인데 문제는 내가 원하는 답이 아니라 그 누군가가 원하는 것을 문제 안에 넣고 그 안에서 답을 찾아야만 한다는 것이다.

예를 들어 '2+5'의 답이 '7'이라면 맞는 답일까. 이러한 문제는 세상의 방법이기 때문에 세상의 방법으로도 해결이 될 수 있다. 그런데 중요한 것은 이 방법이 아니라 '또 다른 방법'이 있다는 것이다. 즉 "세상의 생명은 육체가 되고 육체의 생명은 혼이 되며 혼의 생명은 믿음인 동시에 믿음의 생명은 곧 예수다." 즉 예수가 답인 경우가 있다.

그러므로 문제를 풀어 가는 시작점은 미지수의 답이 되는 예수 생명으로부터 시작되어야만 한다는 공식인데, 예수 안에서도 그때그때 그 고비를 넘을 수 있게 하는 미지수의 답은 문제마다 각각 다 다르다. 즉 육체는 환경의 지배를 받고 육체는 생각의 지배를 받으며 생각은 영의 지배를 받기 때문이다.

때문에 우리가 세상에서 생각하는 대로 일들이 잘 안 풀릴 때는 잘 안 풀린다는 생각을 바꾸어야만 하는데 그러한 생각을 바꿀 수 있는 힘은 다름이 아니라 영이기 때문에 하늘의 영이 와야만 가능하다는 원리요 그러한 공식은 곧 하늘나라의 방정식이다. 육체는 기계의 케이스와 같은 것이기 때문에 중요한 것은 육체가 아니라 육체를 움직이게 하는 정신인 것이다. 정신은 그 육체를 움직이게 하는 프로그램과 같은 원리인데 만약 프로그램이 고장 났다면 그 기계는 어떻게 될까. 그 기계는 아마도 멈추게 될 것이고 중지된 기계는 더 이상의 생산성이 없다는 원리이다.

결국 정신이 분열되면 힘을 잃게 되고 약한 그 정신은 육체를 움직일 수 없기 때문에 '할 수 없다'라는 부정적 결론에 도달하므로 하는 일들이 잘 안 되는 것이다.

정신이 분열되어 힘을 잃었다면 빨리 그 정신이 회복될 수 있도록 믿음을 강하게 해야 하고, 이런 강한 믿음이 정신을 건강하게 한다. 한 가지 예를 들어보자. 운동을 하면 좋은 줄은 누구나 안다. 하지만 생각이 약해서 행동하지 못하는 경우가 바로 그 예에 해당한다.

세상에 속한 믿음은 대체적으로 생명의 믿음이 아니라 돈이나, 권력, 명예, 자식 등과 같은 것을 믿는 우상 쪽에 가깝다. 때문에 그러한 믿음은 결국 문제 속에서 나를 일으켜 세우지 못하고 실망하거나 좌절하게 만든다. 왜냐하면 그러한 믿음은 대부분 불신자들이 소유한 세상적인 믿음들이기 때문에 그렇고, 결론은 믿음이 약하기 때문에 악으로 일들을 행하는 경우들이 있다.

그러면 우리는 어떤 믿음을 소유해야만 할까. 지혜자는 불신자들보다 한 단계 더 깊이 들어가서 생명이 되는 예수에게까지 이르러야만 한다. 그 이유는 예수가 곧 모든 삶의 알파와 오메가가 되며, 미지수의 해가 되기 때문이다.

즉 하늘공식을 무시하고는 환경의 회복이 불가능하다는 말이다. 우리 모두가 빙빙 돌지 말고 애당초 예수생명으로부터 시작해서 세상을 정복하고 다스리며 충만한 삶을 누리는, 그리고 진리를 전하는 하늘나라 군사들이 될 수 있다면 얼마나 좋을까.

운명은 바뀔 수 있는가

운명을 바꾸는 길이 있다면 그 비법은
오직 나의 이론을 버리고 예수의 길을 따라 가는 것이다.

'운명'의 사전적 정의는 "인간을 포함한 우주의 일체(一切)가 그 무엇으로부터 지배를 받는 것이라고 생각할 때 그 지배는 필연적이고 초인간적인 힘이기 때문에 인간의 방법으로는 도저히 막아 낼 수 없는 길흉화복"이라고 한다. 사람들은 그런 일을 만나면 자신의 삶을 쉽게 체념해 버리는 경우가 있다. 그런가 하면 어떤 사람들은 자신이 태어날 때부터 그런 팔자를 가지고 태어났기 때문에 아무리 노력을 해 봐도 자신의 힘으로는 도저히 극복할 수 없다고 한다. 가장 안타까운 것은 '체념의 이론'을 가진 사람들이다.

문명국이었던 그리스인들은 인간의 운명을 관장하는 세 여신(女神)이 있다고 생각했다. 인간의 탄생을 지배하며 생명의 실을 잣는 클로토(Klotho)와 인간의 일생을 마음대로 조종하는 라케시스(Lachesis)가 있고 세 번째는 인간의 죽음을 관장하며, 그 생명의 실을 끊어 버리는 아트로포스(Atropos)라고 한다.

정말 인간은 자신들이 태어날 때 가지고 온 운명대로밖에 살 수 없는 것일까. 필자는 아니라고 생각한다. 성경은 사람의 타고난 운명도 바꿀 수 있다고 가르친다. 그 한 가지 비밀은 예수이며 그 안에서 욕망과 비전을 바꿀 수도 있고, 또한 분별할 줄도 알게 된다. 욕망과 비전은 분명 다르다. 육신의 생각이 욕망이라면 거룩한 생각은 비전이다. 거룩한 비전은 예수 안에서 발견된다는 사실을 잊지 말았으면 한다. 그리고 우리는 욕망과 비전을 혼동해서는 안 된다.

이 세상에는 두 길이 있다. 한 길은 생명의 길이고 또 한 길은 멸망의 길이다. 두 길 가운데 당신은 지금 어느 길을 가고 있느냐고 묻는다면 확실한 대답을 할 수 있어야만 한다. 그런데 미안하지만 대부분의 사람들은 생명의 길이 아닌 그 반대의 길을 가고 있으면서도 그 사실을 모르고 있는 경우들이 많다. 즉 욕망의 길은 내 욕심을 따라 사는 길이고 비전의 길은 주님 뜻대로 살아가는 길이다. 다만 사람들은 이를 착각을 하고 있을 뿐이다.

예를 하나 들고 싶다. 필자는 옛날 시골에서 자랄 때 가끔 산에 덫을 놓아 산짐승을 잡은 적이 있었다. 처음에는 어떻게 해야 잡힐까 의문이 들었는데 알고 보니 짐승들도 나름대로 다니는 길이 있어 그 길목에 올가미 덫을 놓으면 틀림없이 잡힌다.

이처럼 먹이만을 바라보며 따라가는 길에는 걸리기 쉬운 덫이 있다는 것을 알아야만 한다. 이 문제에 대해서는 가장 크게 성공했던 다윗이 이를 증거하고 있다(시140:5). 또한 그 덫은 한번 걸리면 죽음 외에는 살아날 다른 방법이 없다. 설사 죽지 않는다 해도 그곳을 헤어나지 못하거나 폐인이 되고 만다. 이를 두고 사람들은 '운명'이라는 단어를 쓴다. 눈에 보이는 화려한 그 길은 욕망의 안경을 쓴 짐승들이 다니는 길이기 때문에 결국은 멸망하게 된다는 원리이다.

그러므로 성도들은 욕망의 안경을 벗고 믿음의 안경으로 바꿔 써야만 한다. 그리한다면 멸망의 길이 아니라 생명의 길, 곧 주님이 인도하시는 새로운 길이 보이게 되는데, 그 길이 곧 생명의 길이요 비전이다. 어찌 보면 주일날 교회에 오는 것은 손해인 것 같지만 알고 보면 마귀의 덫을 피해 가는 귀한 방법이라는 것을 알아야 한다. 날아가는 새가 왜 그물에 걸릴까. 육신의 것을 추구하다 보니 그리 된다. 토끼가 왜 덫에 걸릴까. 탐욕의 먹이를 찾으러 다니다가 걸린 것이다. 운명을 바꾸는 길이 있다면 그 비법은 오직 나의 이론을 버리고 예수의 길을 따라 가는 또 다른 방정식일 게다.

당신은 지금 어느 길을 가고 있는가. 지금 하고 있는 일이 잘 안 풀린다는 생각이 지배적이라면 운명을 따라 사는 삶이 아닐까 생각해 봐야 할 때이고, 그런대로 행복한 삶이라는 생각이 지배적이라면 당신은 생명의 삶을 살고 있다는 증거일 것이다. 이쯤에서 한번쯤 나의 삶을 한번 뒤돌아보고 현실에 매여 억압된 운명을 바꿀 수 있는 지혜가 필요하다.

새싹에는 독이 있다

지금은 비록 조금 힘들고 어렵겠지만
묵묵히 인내하며 때를 기다리다 보면
반드시 좋은 세상은 오게 될 것

오늘 아침에는 텃밭에 하지감자를 한 두렁 심었다. 심은 감자가 자주감자였다면 얼마나 좋았을까 하는 생각도 해 보았지만 오늘은 그런 것을 논할 시간적 여유가 없었다. 다만 빨리 심어야만 한다는 생각뿐이었다. 시기적으로도 지금이 감자를 심는 시기인지도 잘 몰랐다. 심고 난 뒤 사무실에 와서 인터넷을 찾아보았더니 중부 지방은 보통 3월 중순이나 말경에 심어야 한다고 되어 있는데, 4월 중순이 되었으니 아마 늦어도 한참 늦은 것 같다.

하지만 나는 감자를 심을 때 시기와 수확을 계획하고 심은 것이 아니다. 때마침 집에 사다 놓았던 감자가 있었는데 싹이 나서 먹을 수 없게 되었기 때문에 버리자니 아깝고 해서 심게 된 것이다. 그리고 또 하나의 이유는 어느 날 식당에서 잘 아는 지인과 이야기를 하던 가운데 싹이 난 감자는 독이 나오기 때문에 먹어서는 안 된다는 말을 들었기 때문이었다. 싹이 난 감자를 먹으면 독이 있어서 큰일 난다는 것이다.

여하튼 감자를 심게 된 동기는 첫째 싹이 났기 때문이고 둘째는 싹 난 감자에는 독이 나오기 때문에 먹어서는 안 된다는 소리를 들었기 때문에 심었다고 해야 옳을 것이다. 나는 싹이 난 감자를 심으면서 여러 가지를 깨닫게 되었다.

감자가 싹이 난다는 것은 생명이 있다는 것이고 그 생명이 태어나기 위해서는 자기를 깨고 태어나야 하기 때문에 독을 품는 고통이 따른다는 것이다. 그리고 그러한 고통 없이는 새로운 싹을 틔울 수 없다는 것이 감자를 통해서 본 진리이다. 감자는 속에서 독이 배출될 정도이니 얼마나 고통스러운 힘을 썼을까. 식물이든 동물이든 자신의 한계를 깨고 새로운 생명을 탄생시킨다는 것은 결코 쉬운 일이 아니며 입에 독을 품는 아픔이 수반되지 않고는 불가능하다. 독을 품는 이유는 간단하다. 독은 자기보호의 능력이기 때문에 그렇다. 그리고 독은 환경을 정복하는 힘이 있다. 새싹은 자신을 지키고 새로운 세상을 만나 그 환경을 이겨 내야만 하기 때문에 독이 필요했던 것이다.

벌이나 뱀 같은 것을 봐도 평상시에는 괜찮다가도 생명에 위기가 다가오면 순간적으로 자신의 몸에서 독을 품어 몸을 방어하는 것처럼 사람도 살기 위해 안간힘을 다 쓰는 사람을 보면 흔히 저 사람 참 지독한 사람이라고 말을 하는데 여기서 지독하다는 말은 독이 있다는 말이다. 어머니가 아이를 낳을 때처럼….

또 하나의 원리는 감자가 싹이 나니까 심어 주는 자가 생기고 자신의 새로운 삶이 시작되는 터전이 생긴다는 원리이다. 이처럼 만약 감자가 싹이 나지 않았더라면 한 끼 간식거리나 반찬이 되고 말았을 터인데 싹이 나다 보니 자신이 심겨질 수 있는 땅이 생기게 된다. 이제 땅에 심겨진 감자의 남겨진 숙제는 심겨진 그 자리에서 땅을 뚫고 나와 자신의 모습을 보여 주는 일이다.

이제 조금만 참고 기다린다면 자신을 덮고 있던 무덤과 같은 문제는 열릴 것이며 또한 좋은 세상이 다가올 것이다. 그리고 진짜 싹이 나면 주인은 감자가 잘 자라서 꽃피고 열매를 맺을 수 있도록 돕지 말라 해도 돕게 된다.

이처럼 우리네 인생도 자연의 이치와 마찬가지이다. 지금은 비록 조금 힘들고 어렵겠지만 묵묵히 인내하며 때를 기다리다 보면 반드시 좋은 세상이 오게 된다. 감자처럼 땅도 생기고 환경을 이길 수 있는 힘도 생기도 돕는 자도 생기게 된다. 우리 모두 그날을 위해 믿음의 독을 품고 인내해 보자.

행복의 또 다른 방정식

행복이 많은 곳에 살아가는 사람은
절대로 행복을 모른다.

"당신의 간절한 소원은 무엇입니까." 사람들의 소원은 각자 다르다. 어떤 이는 건강을, 어떤 이는 돈이나 명예를, 또 어떤 이들은 결혼 등등.

각자 소원은 다 다를지라도 모든 소원의 결론은 아마도 '행복'이 아닐까 하는 생각을 해 본다. 행복이란 어떠한 삶의 주어진 생활 속에서 기쁨과 만족감을 느끼는 흐뭇한 상태, 즉 형용할 수 없는 그 무엇인가를 깊게 느끼는 참 자유가 아닐까.

지금 이 글을 읽고 있는 당신의 의견은 어떠한가. 동의하는지, 아니면 또 다른 의견이 있는지. 필자의 물음에 동의 내지는 부정을 한다 할지라도 대다수가 원하는 소원의 결론은 행복일 것이다. 그런데 중요한 것은 소원의 결론들이 행복이라 할지라도 개개인이 원하는 행복한 삶을 실존에서 살아낸다는 것은 결코 쉬운 일이 아니기 때문에 고민과 갈등의 산들이 높아만 간다. 특히 고민이나 갈등의 산들은 미지 속에 감추어져 있는 산들이기 때문에 정복하기가 쉽지 않은 것이다.

오히려 세계에서 가장 높다는 에베레스트 산과 같은 경우들을 보면 네팔과 중국의 경계를 이루며, 높이는 8,848m라는 정확한 장소와 표고가 있다. 때문에 원정대들은 힘은 들어도 그 산을 올라갈 수가 있지만 행복이라는 산의 높이는 운무 속에 숨겨 있는 불가사의한 미지의 산들이기 때문에 이루어 내기가 결코 쉬운 것이 아니다.

또 하나의 문제는 행복했던 순간들의 이미지가 부재하기 때문이 아닐까 싶다. 왜냐하면 행복은 모두의 소원들이고 또한 중요하다고 생각들은 하는데 과연 행복한 순간들의 이미지가 내 안에 있느냐의 문제이다. 그리고 나의 주변에서도 정말 행복해 보이는 사람들을 본 경우들이 별로 없기 때문에, 아니 보았다 할지라도 기억이 없거나 모두를 다 잊어버리고 행복한 순간들이 없었던 것처럼 무방비 상태에서 살아가기 때문에 그런 것이 아닐까. 아니 내가 조금은 심한 말을 한 걸까? 만약 그렇다면 혹시 당신은 '이미지네이션'을 아시는가.

이미지네이션(Imagination) 기법

우리의 삶에서 가장 중요한 역할을 하는 힘이 무엇이냐고 묻는다면 당신은 그것을 무엇이라고 생각을 하는가. 어느 것 하나 중요하지 않은 삶이 어디에 있겠는가. 언어, 행동, 관계, 노력, 출세, 건강, 돈 등 중요한 것이 한두 가지이겠느냐만 그 가운데서도 가장 중요한 것을 이미지라고 생각한다. 행복했던 순간의 이미지 한 컷이 행복을 만들어 내는 데 가장 중요한 소스가 되는 것이다. 본래 우리의 욕심은 설사 하늘의 별을 따다 준다고 해도 그때뿐일 텐데 그런 우리의 마음을 무엇으로 다 채울 수 있을까. 아무리 그렇다 할지라도 매 순간의 모든 삶들은 하나라도 소홀히 해서는 안 된다.

특히 그 가운데에서도 만남과 헤어짐에서 가장 중요한 비중을 차지하는 문제를 말해 보라면 사람들은 어떤 대답을 할까. 아니 당신은 과연 무엇이 가장 중요하다고 대답을 하시겠는가. 대다수의 사람들은 전자에도 말했거니와 그것을 첫인상이라고 생각한다. 왜냐하면 모든 삶은 만남과 헤어짐 속에서 시작이 되고 끝날 수도 있기 때문이다. 그리고 그 지점은 좋은 감정으로부터 시작되는 무지개 빛 사랑이 될 수도 있지만 반대로 그 지점이 이별의 아픈 시작점이 될 수도 있기 때문에 중요하다. 또한 그러한 결정은 긴 시간이 아니라 어느 순간의 찰나에 결정된다는 것이다. 즉 카메라에 사진이 찍히는 것과 같이 순간에 형성된다.

그리고 그러한 결정의 시작점을 계속해서 연결해 주는 역할을 해 주는 핵심 연결고리가 바로 첫인상의 이미지이며, 이 기법이 곧 이미지네이션의 기법이다. 때문에 순간의 그 이미지가 그 사람과의 관계에서 매우 중요한 역할을 한다.

필자도 오늘이 있기까지 지난 삶을 뒤돌아보면 이미지네이션의 상상 즉 영상기억법이 매우 중요한 역할을 했던 것이 아닌가하는 생각을 가끔 해 본다. 특히 이미지네이션이란 언젠가 행복했던 순간의 이미지를 상상하거나 이끌어 내는 기법으로서, 좋은 이미지는 안 좋은 생각을 지우거나 바꾸는 능력이 있다. 사람이 살다 보면 왜 좋은 일들만 있겠는가. 때론 힘들고 어려운 일들도 있겠지만 그러한 순간들을 이기고 새로운 삶을 시작하게 하는 힘이 곧 이미지네이션의 상상기법이다.

필자 역시 결혼하기 전 젊었을 때 심상에 찍혔던 두 커트의 행복했던 순간의 이미지가 때마다 매우 중요한 역할을 하지 않았나 하는 생각을 해 본다. 꼭 두 장이라는 말이 아니라 떠오르는 확실한 이미지를 말하는 것이다. 그중에 하나의 이미지는 집사람이 처녀 때 사진관에서 찍었던 사진을 내게 준 일이 있었는데 그때의 생생한 그 이미지가 행복을 지탱하는 데 아주 중요한 역할을 하고 있다. 긴 머리에 긴 코트를 입고 서서 안경 너머로 바라보는 때 묻지 않은 그 모습이 지금도 내 마음을 설레게 하고 상상 속에서 퇴색되지 않고 있다. 그래서 필자는 때때로 그때의 그 이미지를 떠올리곤 한다. 그리고 현재 내 앞에 나타난 변질된 그 이미지를 빨리 지우고 옛날에 변질되지 않았던 그 이미지로 대체하는 기술이 필요하다.

언제나 순한 양처럼 나를 바라보며 살며시 웃어 주는 그 모습… 긴 머리 소녀의, 미소 띤 아가씨의 청순한 이미지가 필자의 삶을 지속하게 해 주는 힘이었다고 생각한다. 그리고 그때의 그 이미지는 지금도 내 안에서 생생하게 살아서 나를 나 되게 하고 있다. 그리고 또 하나의 이미지는 동물원이 과천으로 이사 오기 전 종로 창경원에 있을 때 찍었던 한 커트의 사진이다. 벚꽃이 활짝 폈을 때 둘이서 데이트했던 기억이 생각나는데 그때 그 아가씨는 내일을 잊고 눈앞에 보이는 아름다운 꽃을 바라보며 행복한 사람처럼 철없이 웃으며 포즈를 취하고 있었다. 그 청순한 모습의 그 이미지가 지금 내게는 행복의 작은 씨앗이 되고 있다. 그리고 행복의 씨앗이 되었던 그때의 그 이미지는 나만 알고 내게만 중요한 역할의 핵심이 되고 있다는 사실은 비밀 중의 비밀이다. 이미지의 주인공이 되었던 그 아가씨는 지금도 내 곁에 있으나 그때의 그 일은 아마도 까맣게 잊고 있을 것이다. 아니 내가 지금 그때 그 일을 이야기한다 해도 전혀 모르는 일이라고 남의 일처럼 머리를 쌜래쌜래 흔들며 부정할지도 모른다. 청문회를 하는 정치인들처럼 계속 기억이 안 난다고 동문서답할지도 모른다. 그러나 아무리 그가 부정한다할지라도 내게는 그 일들이 진실이고 행복한 순간이었기 때문에 부정할 수가 없는 현실이다.

 이처럼 사랑이나 행복이라는 것은 누가 무엇을 어떻게 해 주어서 행복한 것이 아니라 그때의 일들을 기억하며 자기 스스로 행복을 찾아내야만 하는 것이 아닐까 하는 생각을 해 본다. 그런 연유 때문에 그러한지는 잘 모르겠지만 대부분의 사람들은 첫사랑을 잊지 못하고 평생을 마음에 품고 살아가는지도 모른다. 지금 당신의 마음속에는 당신을 행복하게 해 주었던 한 커트의 이미지가 있는가 확인해 보라. 만약 그러한 이미지가 없다면 뒤를 돌아보고 행복했던 순간들의 이미지를 한번 찾아보자. 그리고 그러한 이미지를 찾았다면 마음의 액자에 넣어놓고 잘 보이는 곳에 걸어두자. 보고 또 보다 보면 아마도 행복했던 그 순간의 이미지가 정말 정확하게 살아나서 당신의 불행이 바뀌어 행복한 삶으로 변화될지도 모른다. 언어에 생명의 힘이 있듯이 생각에도 힘이 있다는 사실을 잊지 않았으면 참 좋겠다.

지금까지 이야기한 것들을 종합해 볼 때 사람들은 언제나 행복하기를 소원하는데 행복의 씨앗을 외부에서만 찾지 말고 내면에서 찾아보자. 이 세상의 모든 실존에는 그 어디에도 완제품으로 만들어진 행복은 없다. 그리고 당신이 찾는 그러한 행복은 판매되고 있지도 않을 뿐만 아니라 어디를 가도 완제품은 없다.

사람들은 언제나 자신들이 원하는 행복의 완제품이 그 어디엔가 있는 것처럼 구하려 하지만 끝내 구하지 못하고 결국은 방황의 늪에 빠지거나 딜레마의 난간에 서서 한숨을 쉰다. 그들은 돈이나 명예, 쾌락이 행복의 씨앗인 줄로 알지만 그것은 착각이다. 그리고 또 어떤 사람은 풍성한 식탁 위에 행복의 씨앗들을 다 놔두고도 원망을 안주 삼고 한 잔 술에 푹 빠져 밤을 지새우는 사람도 있지 않을까.

행복의 완제품

그렇다면 우리의 인생사에 영원한 행복은 없는 것일까. 행복하기를 원한다면 행복의 완제품을 찾지 말고 퍼즐을 맞추듯 만들어 가려고 노력하라고 조언하고 싶다. 거듭 말하지만 행복이라는 완제품은 없다. 때문에 사람들은 행복을 추구할 뿐이고 부득불 행복을 원한다면 날마다 하나하나 작은 조각들을 모아 행복을 만들어 가는 현명한 사람이 되었으면 한다. 희미할지는 모르겠지만 필자처럼 잊고 살았던 행복의 이미지를 찾아내는 것이다. 비록 희미한 이미지의 씨앗일지라도 행복을 계속 노래하다 보면 행복이 만들어질 수도 있다. 그리고 행복을 만들 수만 있다면 나만 행복할 것이 아니라 조금 넉넉하게 만들어 내 이웃에게도 그 행복을 조금씩 나누어 줄 수만 있다면 얼마나 좋을까.

둘째로 어떻게 해야만 행복을 만들 수 있을까. 그것은 행복을 발견하는 것이다. 행복은 만드는 것도 중요하지만 더더욱 중요한 것은 현재 나에게 주어진 삶속에서 행복을 발견해야만 한다. 왜냐하면 행복은 내가 원하기 이전부터 이미 나를 위해 만들어져 있다. 그런데 사람들은 그 행복을 잊고 살거나 눈앞에 있는데도 불구하고 찾지 않는다는 것이 문제다.

성경에 보면 이스라엘 백성들이 그렇다. 하나님께서는 그들을 위해 행복을 만들어 놓으셨고 또한 그들은 이미 행복한 백성들이었다.

그런데도 불구하고 그들은 자신들이 행복한 백성들이었다는 사실을 전혀 모르고 있었다. 그러던 어느 날 모세는 느보산에 올라가 가나안 땅을 바라보며 그 백성들을 바라보는 순간 지난날들이 오버랩되면서 그들이야말로 정말 행복한 백성들이었다는 사실을 발견하게 된다.

"이스라엘이여 너는 행복자로다 여호와의 구원을 너 같이 얻은 백성이 누구뇨 그는 너를 돕는 방패시요 너의 영광의 칼이시로다 네 대적이 네게 복종하리니 네가 그들의 높은 곳을 밟으리로다"(신 33:29)

그 백성들은 자신들이 정말 행복자였음에도 불구하고 행복자라는 사실을 전혀 모르고 있었다. 그뿐만 아니라 행복은커녕 자신들처럼 불행한 백성들이 없다고 원망과 불평에 사로잡혀 있었다. 그들의 현실은 앞을 봐도 옆을 봐도 모든 것이 다 불평투성이였던 것이다. 왜냐하면 그들은 그들을 인도하시는 하나님을 바라본 게 아니라 지도자를 바라보았고 또한 현실을 바라보았기 때문이다.

행복과 불행은 종이 한 장 차이이다. 자신이 서 있는 자리에서 하늘을 보느냐 땅을 보느냐의 차이다. 하늘을 바라보는 사람은 자신을 행복자라 말할 수 있지만 반대로 현실을 바라보는 사람은 자신들이 불행하다는 말을 서슴없이 하게 된다. 행복과 불행은 다른 곳에 있는 것이 아니라 입술의 언어에 달려 있다. 불행하다고 생각하는 사람의 입술에는 언제나 원망과 불평이 나오지만 행복하다고 생각하는 사람의 입술에는 언제나 감사와 즐거움의 노래를 부르게 된다. 때문에 입술의 언어를 보면 그 사람의 행복과 불행을 가늠할 수가 있다. 지금 당신의 언어는 과연 어느 쪽인가?

이쯤에서 또 하나 확실하게 짚고 넘어가야 할 것이 있다. 그것은 다름이 아니라 자신이 행복한 사람이라는 사실을 모르고 있다면 그것은 행복이 없는 것이 아니라 주변에 행복이 너무 너무 많다 보니까 행복하다는 사실을 모르고 산다는 것이다. 때문에 자신이 정말 행복하지 않다고 생각하는 사람은 당장 불행이 많은 곳을 찾아가서 불행을 많이 보면 현재 나의 새 모습을 발견하게 될 것이다. 특히 행복은 큰 것에서 찾는 것이 아니다. 행복은 아주 작은 것에 있다는 사실을 알아만 한다. 숨 쉬고 살아 있는 자체가 행복이 아닐까.

건강한 사람은 건강이 얼마나 소중한지를 잘 모른다. 때문에 그런 사람은 병원 응급실에 가서 환자들을 보면 건강의 소중함을 알게 될 것이다. 뿐만 아니라 그 사람은 건강의 소중함을 넘어 감사한 생각이 마음 깊은 곳에서 생수처럼 솟아날 것이다. 한 발짝 한 발짝 걸을 수 있다는 것 그 자체가 곧 기적인데도 불구하고 우리는 그것들을 대수롭지 않게 생각한다.

이글을 읽고 있는 당신은 지금 어떤 생각을 하고 있는가? 불행하다고 생각하는가. 행복하다고 생각하는가. 아니면 불행하지는 않지만 행복하지도 않다고, 엉거주춤하게 대답하겠는가.

만약 당신이 지금 행복하다고 느껴지지 않는다면 그것은 행복이 너무 많은 곳에 서 있기 때문에 그렇다는 사실을 잊어서는 안 될 것이다.

행복의 방정식

방정식이란 어떤 식에 있는 문자의 값에 따라 참도 되고 거짓도 되는 등식이다. 방정식을 참으로 만드는 문자의 값을 근, 또는 해라고 하는데, 이를테면, 2x+1=7이라는 방정식에서 x=3일 때 이 등식은 참이 되므로 이 방정식의 근은 3이 된다. 여기서 x의 값이 3이라는 사실은 처음부터 알고 있던 값이 아니다. 이처럼 처음에는 그 값을 모르는 수를 미지수라고 하는데 우리의 인생사에서도 행복을 만드는데 필요한 미지수의 값은 무엇일까.

이처럼 행복이란 방정식도 행복을 만들기 위해서는 미지수의 답을 찾아야만 하는데 답을 찾기 위해서는 먼저 문제를 잘 알아야만 한다. 왜냐하면 주어진 문제 속에 분명한 답이 숨겨져 있기 때문이다.

예를 들어 문제가 "3 + □ = 7이 성립된다고 한다면 네모 안에 들어가는 답은 무엇일까?" 4일까, 아니면 예수일까?

위와 같은 공식이 필자가 말하는 '행복의 또 다른 방정식'의 공식이다. 다른 말로 하면 예수 안에서 답을 찾아야만 한다는 원리이다. 그리고 예수 안에서도 문제의 답은 여러 가지일 수 있다. 인내, 용서, 참음, 경청, 배려 등이 행복을 만들어 내는 답이다. 특히 그 답을 찾은 사람이라면 행복을 만들어 내는 자가 될 것이고 또한 그리할 때 행복의 시작점이 발생하는 것이다. 그리고 그 사람은 행복했던 그 순간들을 자꾸자꾸 생각을 해야만 하고 계속 행복한 순간을 생각하다 보면 행복의 영상이 만들어진다는 원리이다. 그리고 행복한 그 순간을 계속 생각하다 보면 어느 한 순간에 행복한 순간의 이미지가 생기고 그 이미지가 확실하게 저장이 되면 행복의 이미지를 통해서 조건반사가 나타난다는 원리로서, 덜 익은 살구를 생각하면 입에서 침이 고이듯이 환경을 볼 때 행복이 조건반사적으로 생겨나게 된다.

당시 이스라엘 백성들은 자신들이 행복한 백성들이었으면서도 불구하고 그들의 생각 속에는 행복이 아니라 늘 불행한 사람들이라고만 생각했었다. 왜냐하면 그들은 언제부터인가 행복했던 때의 이미지들을 다 잊어버리고 행복 앞에서도 행복하다는 사실이 잘 느껴지지 않았을 뿐만 아니라 그로 인한 조건반사작용은 행복이 아니라 오히려 불행한 환경들이 그들 앞에 나타나게 되었던 것이다.

그런데 어느 날 모세는 느보산에 올라가 가나안 땅에 들어가게 될 그들의 모습을 바라보는 순간 저들이야말로 정말 행복한 백성들이라는 사실을 깨닫고 선포하게 된다. 그때 모세의 음성을 들었던 백성들의 마음속에는 행복이라는 새로운 단어가 생겼을까. 생겼어야만 정상이다. 그리고 자신들도 행복한 백성들이라는 사실을 깨닫고 마음속 깊은 곳에 저장이 되었다면 그 행복은 조건반사적으로 생활 속에 나타나게 되었을 것이다.

준비된 행복

"내가 오늘 네 행복을 위하여 네게 명하는 여호와의 명령과 규례를 지킬 것이 아니냐(신10:3)" 하나님께서는 그들을 독수리가 날개로 자기 새끼를 품듯 보호하고 계시는 모습을 보여 주시면서부터 그들을 위해 행복이 준비되어 있음을 선포한다. "이스라엘이여! 너는 행복자로다 여호와의 구원을 너같이 얻은 백성이 누구뇨"(신33:29) 그들에게는 그때부터 행복이라는 단어가 생기게 되었고 행복이란 단어는 행복을 만들어 내는 기적의 이미지가 된 것이다. 이처럼 행복의 이미지는 징검다리와 같아서 한걸음 한 걸음 뛸 때마다 행복한 걸음이 되고 행복한 삶이 만들어지는 것이다. 어떤 사람은 행복과 불행을 다음과 같이 말했다.

"불행한 사람은 갖지 못한 것을 사모하고 행복한 사람은 현재 갖고 있는 것을 사랑한다."

세상의 모든 사람들은 우리가 행복한 사람이라고 알고 있다. 그런데 중요한 사실 하나는 실제로 알고 있어야만 할 당사자인 본인이 모르고 있다는 것이 문제가 아닐까. 대중가요의 가사 가운데 이런 대목이 있다. "어느 날 난 낙엽 지는 소리에 갑자기 텅 빈 내 마음을 보았죠. 그냥 덧없이 흘려버린 그런 세월을 느낀 거죠. 난 참 바보처럼 살았다"는 뜻은 무슨 뜻일까. 아마도 그것은 지난날의 삶에 대한 후회일까. 아니면 새로운 결단의 각오일까 생각해 보지만, 중요한 것은 지금 나는 행복한 사람임에도 불구하고 행복한 사람이 아니라 불행한 사람이라고 생각하는 착각이 문제이다.

현대인의 질병 가운데 가장 큰 질병이 무엇이냐고 묻는다면 그것은 행복한 세상에 살면서도 행복을 모르고 산다는 것이다. 우리 모두가 이번 기회에 잃어버린 행복들을 다 찾았으면 얼마나 좋을까.

진정한 행복이란 큰 것에 있는 것이 아니라 아주 소소한 것에 있다는 사실이다. 지금 당신 곁에 투정부릴 만한 사람이 있거나 아니면 혹 미운 사람이 있거나 다툴 만한 가족이 있다면 그 자체가 곧 행복의 씨앗일 것이며 그리고 그 씨앗을 당신이 인정할 수만 있다면 행복의 씨앗은 계속 싹이 나고 자라서 언젠가는 당신이 원하는 행복의 꽃을 피우게 될 것이다. 행복의 노래를 부를 수 있는 희망의 그날은 꼭 오게 될 것이다. 그리고 지금 당신 앞에 사랑할 수 있는 사람이 있다면 당신은 더더욱 행복한 사람이 아닐까.

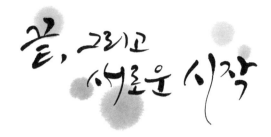

이 고비만 잘 넘길 수 있다면

비록 현실은 조금 힘이 든다 할지라도
공동체의 밝은 미래를 위해서라면
스스로의 개혁이 꼭 필요한 것이 아닐까.

아픈 만큼 성숙한다는 말이 있다. 사람이든 어떤 단체이든 지금보다 조금은 더 나은 성장을 위해서는 남모르는 고통이 뒤따르게 마련이다. 특히 어린이나 청소년들이 성장을 하면서 성장통을 겪어야 하듯이 어떠한 단체가 일을 좀 더 효과적으로 잘해 보자는 취지에서 묵은 체제를 새 체제로 바꾸거나 뜯어고치기 위해서는 개혁이라는 아픈 과정이 꼭 필요하다. 특히 이러한 성장의 과정에서 대가로 다가오는 것이 고통인데 우리의 삶도 예외는 아니다. 그럴 때마다 누구든지 그 고비를 잘 넘길 수만 있다면 얼마나 좋을까. 당신도 그 고비만 잘 넘길 수 있다면 분명 좋은 날은 다가올 것이다.

뒤틀리고 굳어진 하나의 체제를 새롭게 바꾼다는 것은 그리 쉽지 않은 일이겠지만, 삶의 밝은 미래를 위해서라면 때마다 다가오는 힘든 고비들을 넘어서야만 한다는 공식은 누구에게나 꼭 필요한 과제일 것이며 또한 긍정적인 몸부림일 게다.

성경 곳곳에는 히스기야의 개혁 이야기가 자세하게 기록되어 있는데, 그 가운데서도 특히 역대하 29장에서 32장을 읽어 보면 종교 개혁의 이야기로 가득 차 있다. 하나님께서는 왜 히스기야의 종교개혁 이야기에 대하여 그렇게도 심도 있게 기록하셨을까. 그것은 다름이 아니라 히스기야만이 이스라엘 나라에 처한 극한 어려운 문제를 해결할 수 있는 적임자이기 때문이며 비록 힘든 일이겠지만 그 위기를 잘 넘길 수 있는 사람이기 때문에 그를 세웠다. 그처럼 이 글을 읽는 당신도 예외는 아니다.

히스기야는 이스라엘의 6대 왕으로서 그가 통치하던 시기는 정치, 경제, 사회, 종교적으로 가장 힘든 시기였다. 그에게 가장 시급한 문제는 외부로부터 다가오는 공격이었으며, 그로 인해 나타난 현실은 경제적 빈곤의 문제였다. 그리고 가정에는 자녀가 없는 것이 문제였는데 설상가상으로 자녀를 낳은 이후에는 자녀에 대한 신앙 교육을 올바로 시키지 못한 것이 문제였다. 그로 인해 가장 선한 왕이 되었어야만 할 아들이 가장 악한 왕이 되고 말았다. 그리고 자신에게는 치료 방법이 불가능한 죽을병에 걸린 문제가 그를 괴롭혔다. 왜 그렇게 어려운 형편들이 계속 다가왔을까. 이유는 단 한 가지였다. 하나님의 택한 백성들이 하나님 중심의 삶을 산 것이 아니라 자기중심적인 삶을 살았기 때문이다. 즉 입으로는 하나님을 잘 섬긴다고 말하지만 실제적으로는 하나님을 외면하는 삶을 살았기 때문이다.

　그 백성들에게 있었던 하나의 단점은 꼭 결정적인 찬스에서 자기
뜻대로 행했다는 것이다. 십자가 앞에서의 제자들처럼 말이다. 그래
서 하나님께서는 그들의 정신 사고를 고치기 위하여 이방나라인 앗
수르 군대를 통하여 그들에게 고통을 가했던 것이다.

　그렇다면 그처럼 어려운 나라의 '난국을 해결하기 위해 필요한 정
책은 무엇일까.' 고민하던 가운데 문제 해결을 위해서 가장 시급한
일은 다름 아닌 종교개혁이라는 사실을 발견하게 된다. 즉, 택한 백
성들의 신앙에 문제가 있었다는 사실이다. 그래서 히스기야는 고통
을 무릅쓰고 종교개혁을 단행했던 것이다. 성경을 자세히 읽어 보면
그 백성들은 수대에 걸쳐 하나님과 성전을 외면하고 제사도 절기도
잘 지키지 않았을 뿐만 아니라 성전 역시 폐가처럼 여기저기 퇴락하
여 눈 뜨고는 볼 수가 없었다. 그래서 히스기야는 종교개혁을 선포
하고 먼저 퇴락한 성전을 보수하고 절기를 회복시켰으며, 체제를 정
비했다. 왜냐하면 이 민족이 이방 백성들로부터 조롱받지 않고 살
수 있는 길은 오직 여호와의 신앙을 회복하는 길밖에는 다른 방법이
없다는 사실을 깨달았기 때문이다.

　그리했기에 히스기야는 앗수르 군대가 쳐들어 와서 백성들을 유
혹하고 자신을 조롱하며 괴롭힐 때도 인간적인 방법을 쓰지 않고 하
나님 편에 온전히 서서 기도할 수가 있었던 것이다. 전쟁 역시 하나
님이 도와주셔야만 된다는 것을 잘 알았기 때문이다. 그리했을 때

역대하 32장 20절 이하를 보면 하나님께서는 천사들을 보내시어 앗수르 군대를 물리쳐 주시고 승리하게 하셨으며 이스라엘의 잃어버린 지위를 다시 회복시켜 주셨고 질병은 깨끗하게 치료해 주셨다.

이처럼 우리는 현실 앞에 주어진 고통스러운 문제만 바라볼 것이 아니라 그 문제를 해결할 수 있는 답을 찾는 것이 급선무이다. 특히 히스기야에게 당면한 문제는 질병의 문제, 경제적 문제, 외적공격의 문제였다. 지금 당신의 시급한 문제는 무엇인가? 당신도 '그 고비를 잘 넘길 수만 있다면' 좋은 날은 다가올 것이다. 그리고 문제해결을 위한 공식의 참은 개혁을 통한 신앙 회복이다.

지금 이 시간 당신 앞에 어떠한 고통스러운 문제가 앞을 가로막고 있다 할지라도 그것은 고통이 아니라 내일을 향한 행복의 또 다른 전주곡일 게다. 우리에게는 어떠한 경우라 할지라도 화를 복으로 바꾸어 주실 수 있는 그분이 계시다는 사실을 믿고 현재의 '이 고비만 잘 넘길 수 있다면' 히스기야의 날처럼 분명 좋은 날은 속히 다가올 것이라 확신한다.

제4장

겨울이 지나면 봄이 올까요

문제 해결의 열쇠

고난과 영광의 양면성

사람의 의지나 노력만으로 안 되는 일을
되게 하는 믿음

고난과 영광은 하나의 동전처럼 어느 한 면만 없어도 동전이 될
수 없는 것과 같이, 영광으로 가는 길은 오직 고난을 통과한 자만이
얻을 수 있다. 다만 우리도 고난을 앞에 놓고 고난이 주는 깊은 의미
를 바로 인식해야만 한다. 즉 고난과 영광의 중간에는 십자가와 같
은 고비라는 것이 있다. 그리고 그 고비는 예외 없이 누구나 다 넘어
야만 할 과제 가운데 하나이다.

그렇다면 지금 내가 당하고 있는 어려움은 고난인가 아니면 훈련
인가. 여기서 바른 대답을 할 수 있어야만 하는데, 진정한 선수라면
훈련환경이 아무리 힘들고 고통스럽다 할지라도 목적을 이룰 때까
지 포기하지 않는 잡초근성이 필요하다. 즉 고난 이후의 영광을 볼
수 있는 눈이 열려 있어야만 한다. '만약 나도 이 고비만 잘 넘길 수
있다면….'

초대교회 성도들의 신앙을 한번 되짚어 보자. 예수님 승천 이후 AD 313년 신앙의 자유를 맞이하기까지 약 300여 년의 역사는 한마디로 고난과 고통을 넘어 순교의 역사, 즉 죽으면 죽으리라는 신앙이 아니면 결코 넘을 수 없는 시대였다.

만약 그 시대 그들이 고통을 참지 못하고 신앙을 포기했더라면 어떻게 되었을까. 아마도 구원의 역사는 중단되고 말았을 것이다. 이처럼 고난을 영광으로 이루어 낸다는 것은 쉽지 않은 일이다. 즉 환경을 이기고 신앙의 자유를 맞이한다는 것은 결코 쉽지 않은 일이다. 때문에 환경을 이기고 승리한다는 것은 곧 마귀를 이긴다는 것이고, 또한 마귀를 이긴다는 것은 곧 환경이 회복된다는 것이며 나를 돕는 천사를 불러오는 유일한 길이 된다.

당시 역사를 보면 하나님께서는 믿는 자들의 손을 들어 주셨고 거대한 나라 로마를 정복하게 하셨으며 모든 환경을 회복시켜 주셨다는 사실을 한번쯤 기억했으면 참 좋겠다. 사도 바울은 그 비밀을 알기 때문에 "생각건대 현재의 고난은 장차 우리에게 나타날 영광과 족히 비교할 수 없다."라고 고백했던 것이다. 또한 그러한 고백은 믿음의 비밀을 아는 사람 즉 고난의 영이 온 사람만이 할 수 있는 고백이다.

이 말을 좀 더 쉽게 생각해 보면 만약 진짜 운동선수라면 속으로 이렇게 다짐할 것이다. '비록 지금은 힘들고 어렵지만 이 훈련을 잘 마치고 나면 나는 분명히 훌륭한 선수가 될 것'이라고 홀로 다짐했던 내면의 독한 자기 고백이 있었을 것이다.

올림픽에서 금메달을 딴 김연아 선수를 보라. 그 영광이 하루아침에 그냥 찾아온 것이 아니다. 피 나는 훈련과 그 고통을 통과했기 때문에 오늘의 영광이 있는 것이 아닌가. 넘어지고 또 일어나고 혼자 울다가 또 다짐을 하는 고통의 순간들을 넘어섰기 때문에 가능했을 것이다. 그 당시 필자도 김연아 선수의 경기 장면을 보면서 가슴이 덜컹했었다. 아니 저렇게 훌륭한 선수가 넘어지다니, 그때 김연아 선수는 순간 일어서서 당당하게 경기를 계속했다.

만약 그가 진짜 선수가 아니었더라면 그는 벌써 그 운동을 포기했거나 설사 포기하지 않았다 하더라도 날마다 원망과 불평을 하다가 아까운 세월만 허비했을 것이고 또한 자신을 도와주려고 최선을 다했던 코치나 부모님 모두 고생만 하다가 빛도 보지 못한 채 안개처럼 사라졌을 것이다.

진짜 선수는 자신과의 싸움에서 자기를 이기는 자며 마음속의 다짐은 꼭 해내고 말 것이라는 확신이 그를 그 되게 한다는 사실을 믿는 자이다.

사도행전 20장 23절의 말씀을 보면 사도 바울이 가는 앞길에도 좋은 일들만 있었던 것은 아니다. 다만 환난과 결박이 나를 기다린다 해도 목표를 이루기 위해 포기하지 않겠다는 내면의 강한 자기 고백이 있었던 것이다. 왜일까. 그것은 고난을 영광으로 바꿀 수 있는 고난의 영이 그에게 왔기 때문이다. 이처럼 고난의 영은 하나님을 일하시게 하는 능력의 믿음이며, 사람의 의지나 노력만으로 될 수 없는 일들을 되게 하는 신뢰의 믿음이다.

십자가를 넘고 나면 분명 다시 살아날 수 있다는 부활의 영광을 믿었기 때문이다. 우리에게도 다시 살고 회복되는 부활의 영광이 임할 수만 있다면 얼마나 좋을까. 믿으면 믿음대로 된다.

한번 속으로 고백해 보자. 현재 나를 가로막고 있는 '이 고비만 잘 넘길 수 있다면' 분명 좋은 날은 올 것이다. 조금만 더 참고 기다리며 힘을 냈으면 참 좋겠다.

"힘내세요. 아셨죠."

겨울이 지나면 봄이 올까요

누가 뭐라 해도 새봄과 같은
부활의 영광은 다가올 것이다.

"겨울이 지나면 봄이 올까?"라는 질문을 백 사람에게 물어볼 때
몇 명이 "아니."라고 대답을 할까. 당신은 어떻게 생각하는가. 십자
가의 고난은 고난으로 끝나는 것이 아니라 고난 이후에는 분명 부활
이 온다는 사실을 부인하지 않았으면 좋겠다.

부활은 회복 또는 다시 살아나는 것이고 실제이며 신앙의 핵심이
다. 우리는 해마다 지내는 그런 절기로서의 부활 주일이 아니라 내
인생의 진정한 부활의 새 역사를 체험하는 신앙이 되면 얼마나 좋을
까. 모든 고난의 문제들은 고난으로 끝나는 것이 아니라 십자가 너
머에 하나님의 은혜로 다시 회복되는 역사가 준비되어 있다. 아니
일어나는 것으로 끝나는 것이 아니라 하나님이 나를 도우셨노라고
나를 살리셨다고 간증하는 신앙인들이 되기를 원하신다.

특히 고난주간은 부활 주일을 한 주 앞에 놓고 주님의 고난에 함

께 동참하고자 원했던 초대교회 성도들의 거룩한 믿음의 고백에서부터 출발된 절기이다. 어떻게 하면 주님을 닮아갈 수 있을 것인가. 고민하던 거룩한 백성들의 신앙이라 할 수 있다. 그런데 요즈음은 안타깝게도 교회의 절기나 전통들이 차차 사라져 가고 있다. 아니 믿음들이 자꾸 식어 가고 있다는 무언의 큰 외침이 아닐까. 중요한 것은 교회의 절기나 문화가 사라진다거나 믿음이 식어지는 것은 괜찮다 할지라도 하나님께서 일을 아니하시기 때문에 그것이 문제이다.

몇 해 전 백령도 앞 임당수에서 1,200톤이나 되는 천안함이 알 수 없는 원인으로 인하여 침몰되었다. 그로 인하여 58명은 구조되었지만 46명이나 되는 많은 장병들의 생사확인은 아직까지도 불투명하다. 그런가 하면 안타깝게도 UDT 소속의 준위 한 사람이 또 순직했다. 실종된 장병들을 구하기 위해 수심이 45m나 되는 한계 너머의 어두운 물속을 잠수하여 수색을 하다가 목숨을 잃었다. 참으로 안타까운 일이 아닐 수 없다.

그런데 설상가상으로 또 문제가 일어났다. 침몰 주변에서 조업을 하던 금양 98호 어선이 구조를 돕고 돌아가다가 침몰되어 또 9명이나 되는 아까운 생명을 잃었다는 소식이다. 엎친 데 덮친다고 실종 가족들의 안타까운 마음을 무엇으로 위로할 수 있을까. 다시 살아오는 것 이외에 이 땅에는 해답이 없다. 온 나라는 갑자기 지금 너나 할 것 없이 모두의 고난주간이 되고 말았다.

필자도 근래 들어 그때가 TV를 가장 많이 본 한 주간이 아니었나 하는 생각이 된다. 왜냐하면 일분일초가 궁금했기 때문이다. 그런데 일주일이 지난 그 시간까지도 구조 작업은 계속되고 있지만 아직까지 원인조차 규명하지 못하고 안타까운 시간만 자꾸 흘러갔다.

인생을 살면서 이처럼 마음 아픈 상처를 받는 고통들이 없었으면 얼마나 좋을까. 고통을 좋아하는 사람은 아무도 없다. 하지만 문제 많은 이 세상에 속해 살면서 고난이 없기를 바란다면 오히려 그것이 더 이상한 일이 아닐까. 다만 고난이 없기를 바라는 마음은 우리 모두가 원하는 희망사항일 따름이다.

필자도 이번 한 주간은 정말 힘든 나날들이었다. 왜 힘이 들었느냐고, 누구 때문이었느냐고 깊이 묻지 말았으면 한다. 다만 그 누구에게도 말할 수 없는 미래의 불투명한 어두움의 두려움 때문에 긴 밤을 설치며 가슴이 시퍼렇게 멍이 들 정도로 홀로 아파했던 고통의 시간들이었고 속으로 울었던 울음들은 피할 수 없는 나 혼자만의 독백이었다. 혹시 이 글을 읽는 그 누군가는 '아! 목사님에게도 고통스러운 고민이 있을까. 목사님들에게도 말할 수 없는 그런 일들이 있을 수 있다. 그때 그런 고통이 나 때문은 아니겠지. 정말, 나 때문은 아니겠지.' 한번쯤 돌아봄은 어떨지….

하지만 때가 되니까 고통의 시간은 흘러가더라. 아니 고통이 지난 뒤에는 반드시 맺힌 한을 풀 수 있는 영광의 그날은 다가오게 되리라는 그분의 신실함을 나는 믿는다. 특히 금년의 부활 주일에는 우리 주변의 가까이에서 아파하고 고민하며 상처받은 모든 이들의 마음들이 치유되고 회복되는 축복이 임했으면 참 좋겠다. 희망을 품어 본다. 네 마음도 내 마음도 우리들 모두의 마음도 다 치유되고 회복되어 다시 일어서는 부활의 새 힘이 소생했으면 좋겠다.

복음성가 가사 가운데 "누구에게도 말할 수 없는 아픈 상처 있나요. 누구에게도 보일 수 없는 아픈 고통 있나요. 삶이 아무리 힘들고 어려워도 주님 바라보세요." 누가 뭐라 해도 새봄과 같은 부활의 영광은 다가올 것이다.

구속의 은혜

그 아들은 누군가를 위한 작은 예수가 아니었을까
하는 생각을 해 본다.

얼마 전 나는 교회일로 성남에 있는 모 은행 지점장을 만나러 간 적이 있었다. 그때 지점장님은 퇴근 시간이 훨씬 넘었는데도 불구하고 얼마나 친절한지 밖에까지 나와서 우리를 기다리고 있었다. 우리는 감사한 마음을 안고 은행 2층 지점장실로 따라 올라갔다. 잠시 차를 나누며 이런저런 이야기를 하다가 우리 이야기는 다 하지도 못한 채 지점장님의 간증을 듣게 되었다. 간증의 내용은 자신이 예수를 믿게 된 동기에 대한 이야기였다.

부인과 아들은 예수를 잘 믿었는데 자신은 예수를 믿지 않았다고 한다. 다만 자신은 예수보다도 출세를 해야만 한다는 일념 때문에 대학원을 다니며 열심히 배우고 노력하여 일찌감치 지점장이 되고 출세의 길을 열어 가고 있었단다.

그런데 그러던 어느 날 갑자기 두 아들 중 큰아들이 머리가 자꾸 아프다고 하여 큰 병원에 가서 진찰을 받게 되었다. 그 때 의사선생님은 안타까운 듯 조심스럽게 말을 건넸다. "조금 일찍 오시지 왜 이제야 오셨느냐."라며 안타까운 표정으로 별 뾰쪽한 방법이 없다는 듯 '뇌막염'이라는 진단을 내렸다. 하늘이 내려앉는 청천벽력과 같은 소리였다. 마지막 하나 최선의 방법은 수술인데 그 역시 해 봐도 별 희망이 없는 말투였다. 아니 수술을 해 봐도 너무 늦어서 소용이 없다는 눈치였다. 하지만 지점장은 그대로 죽어가는 아들을 보고 있을 수만은 없었다. 하여 반 강제로 수술을 요청했다. "선생님 한번만 우리 아들 살려 주세요." 이때 부모의 눈물 어린 간청을 외면하지 못한 의사선생님은 어려운 수술을 결정했다. 살아날 희망이 없는 아들이 침대에 누워 수술실로 들어가는 모습을 바라보는 부모의 마음은 어떠했겠는가.

그때 아들이 자신을 보면서 이런 부탁을 했다고 한다. "아빠! 나 수술하는 동안 나를 위해 기도 좀 해 줘." 몇 시간 동안 수술을 마치고 나온 아들은 말 한마디 못하는 식물인간이 되어 나왔고 그런 상태는 여러 날 계속되었다.

그때 지점장은 아들의 마지막 유언과 같은 말이 생각났다. "아빠! 나를 위해서 기도 좀 해 줘." 그때부터 지점장님은 아무도 모르게 새벽에 교회에 나가 기도를 하기 시작했다고 한다. 하루, 이틀, 열흘, 한 달가량 기도했을까. 그때 하나님이 치료해 주신다는 확신이 생겼다고 하는데, 얼마나 큰 확신이 왔던지 지점장님은 중환자실에 누워 있던 아들을 일반병실로 옮겨 달라고 떼를 쓸 정도였다.

한번 생각해 보자. 믿음이 좋은 사람도 아닌 그가 의사의 말을 무시하고 하나님이 살려 주신다고 일반병실로 옮겨 달라고 할 때 믿음이 있다는 부인과 의사 선생님, 아니 주변 사람들은 뭐라고 했을까. 아마도 모두가 그를 미쳤다고 했을 것이다. 그런데 이게 어떻게 된 일인가.

죽어도 좋다는 각서를 쓰고 일반병실로 옮긴 뒤부터 기적 같은 일이 일어났다. 일반병실로 옮긴 뒤부터 아이는 이상하게도 하루하루가 다르게 나아지기 시작했던 것이다. 신경이 하나씩 살아나기 시작했고 다음은 눈을 뜨더니 급기야는 말까지 했다. 도저히 믿을 수 없는 일들이 일어난 것이다. 한마디로 희한한 일이었다. 집사람도 의사도 주변 사람들도 모두 놀랐다.

또 한 달이 지나고 두 달이 지나고 급기야는 퇴원을 하여 휠체어를 타고 다니면서 재활 훈련을 받는 단계까지 왔다. 이제는 일어나 걷기만 하면 되는 것이다. 금방 죽는다던 아이가 일 년이 지나고 이 년이 지나면서 그토록 부정했던 지점장님의 믿음은 몰라보게 자라기 시작했다고 한다.

만약 그 아들이 그렇게 아프지 않았다면 완악했던 그가 과연 진짜 예수를 믿게 되었을까. 그러고 보면 그 아들은 누군가를 위한 작은 예수가 아니었을까.

마음을 조금만 비울 수 있다면

무뎌진 양심의 껍질을 하나하나 벗겨내야만
마음과 마음이 통할 수 있다는 것이다.

"내려놓은 만큼 보인다는 말이 있다." 그리고 비운 만큼 채워진다는 것은 불변의 진리이다. 이처럼 마음은 그릇과 같다. 마음은 사람의 생각이나 인지, 기억, 감정, 등을 나타내는 복합체로 이해되고 있지만 어떤 면에서 보면 마음을 공간이나 그릇처럼 표현하기도 한다. 만약 어떤 사람에게 안 좋은 일이 생기게 되면 첫마디가 그것을 마음에 담아 두지 말라고 한다. 왜냐하면 속상한 일을 마음에 오래 담아 두면 병이 되기 때문이다.

그래서 주님께서도 제자들에게 심령이 가난한 자는 복이 있나니 천국이 저희 것이라고 말씀하셨던 것 같다. 이처럼 사람의 마음은 여러 가지 사연들을 가득가득 담아두는 그릇과도 같다.

사람이 마음을 비우고 또 비우다 보면 그 안에는 무엇이 있을까. 아마도 믿지 않는 사람에게는 죽음이 있을 것이고 믿는 사람이라면 생명, 즉 사랑이 있을 것이다. 본래 사람의 깊은 마음속에는 사랑이 담겨져 있어야만 정상이고 사람은 그 사랑을 먹고 사는지도 모른다. 그런데 웬일인지 사람들의 마음속에는 모든 삶의 근원이 되는 사랑이 아니라 오히려 그 반대로 미워하는 마음이나 염려, 근심, 걱정, 두려움 그리고 치유되지 못한 아픈 상처 등 좋지 않은 감정들이 가득 담겨져 있는 것 같은 생각이 든다. 아니 잘못된 사랑이나 그리움도 하나쯤 있을 수 있다. 그러다 보니 사람들은 그 마음을 오픈하는 것보다 닫고 사는 이유가 아닐까.

옛 속담에 열 길 물 속은 알아도 한 길 사람의 마음은 모른다는 말이 있는데 아마도 이와 같은 경우에 근거를 두고 하는 말이 아닌가 싶다.

필자는 언젠가 식당에서 양파를 먹다가 깊은 진리 한 가지를 깨달았다. 사람의 마음도 양파와 같이 여려 겹으로 싸여 있기 때문에 속마음을 쉽게 알 수가 없다는 것이다. 그러므로 사람의 마음에 있는 생각들을 알기 위해서는 양파의 속껍질을 하나하나 벗겨내듯이 자기의 마음을 두텁게 싸고 있는 무뎌진 양심의 껍질을 하나하나 벗겨내야만 마음과 마음이 통할 수 있지 않을까.

그렇다면 어떻게 해야만 가로막힌 담을 허물 수 있을 것인가. 본인의 힘으로는 불가능하다. 왜냐하면 대부분의 사연들은 남에게 밝히기 어려운 비밀이거나 수치스러운 단점들이 많기 때문에 쉽지 않은 것이다. 아니 하나하나 풀기보다는 세월이 가면 갈수록 오히려 더 두텁게 한 겹 한 겹 자신을 포장하는 경우들이 많다는 것이다.

하지만 중요한 것은 사람과 사람 사이라면 괜찮을지도 모르겠지만 하나님과 나 사이에 가로막힌 담이 있다면, 아니 사람과의 문제는 곧 하나님과의 문제와 직결이 된다는 사실을 알아야만 한다.

단 한 가지 방법은 영성회복, 즉 진실한 사랑의 회복이다. 진실한 사랑이란 예수님처럼 그 사람이 어떤 말을 해도 내 자신의 일처럼 이해하고 보듬어 주고 위로해 줄 수 있는 그런 마음이다. 그리할 때 두터운 양파의 껍질을 한 꺼풀 한 꺼풀 벗겨 내듯이 너와 나 사이에 굳게 닫힌 마음의 문도 하나씩 열리게 될 것이며 하나님과의 진정한 대화도 이루어지게 된다.

이처럼 당신의 마음속에 깊이 자리 잡고 있는 쓸모없는 쓴 뿌리의 잔재 가운데 염려, 근심, 걱정, 불안, 두려움이나 아픈 상처들이 치유되거나 모두를 다 비울 수만 있다면 하나님께서 당신에게 예비하신 내일의 드넓은 푸른 초원이 환하게 보일 것이다.

문제 해결의 열쇠는

성령의 강한 불침을 맞을 수만 있다면 모든
문제의 근원은 스스로 해결될 것이라고 확신한다.

호박에 줄을 긋는다고 해서 수박이 되느냐는 말이 있다. 이 말의 뜻은 속은 변하지 않고 그대로 있는데 겉만 그럴듯하게 포장을 한다고 해서 되느냐는 말을 빗대서 하는 말이다.

며칠 전의 일이다. 우리 교회에 부목사님이 계시는데 팔이 너무너무 아파서 한의원을 다녀왔다는 이야기를 들었다. 팔이 아픈 것은 이번이 처음이 아니라 몇 년 전에도 똑같은 증상으로 아팠었는데 그때는 침을 잘 놓는다는 할아버지를 찾아가 불침을 맞고 나았다고 한다. 그런데 이번에도 부목사님에게 똑같은 증상으로 팔이 아프기 시작했는데, 손목 있는 데서부터 팔 뒤꿈치 사이가 쏘옥—쏙 쑤시면서 힘이 없고 아파서 견딜 수가 없다는 것이다.

한의원에 가서 침을 맞아도 별 차도가 없고 해서 정형외과를 가볼까 엑스레이를 찍어 볼까. 별의별 생각을 다하다가 하루는 한의원

원장 선생님께 옛날이야기를 해 주었다고 한다. 옛날에도 지금처럼 똑같이 팔이 아팠었는데 그때 할아버지는 내 팔의 아픈 증상을 듣더니 한마디로 뼈에 습기가 차서 그렇다는 것이었다. 처음에는 뼈에 어떻게 습기가 찰 수 있을까 의문도 들었지만 어찌하든 뼈에 습기를 말리기 위해서는 불침을 맞아야만 된다고 했다. 이해는 잘 가지 않았지만 그때 불침을 맞고 깨끗이 나았으니 불침을 좀 놓아 달라고 했다. 그랬더니 원장님께서 하시는 말씀이 그러면 쑥뜸을 한 번 떠 보라고 권했다. 다만 쑥뜸도 뜨거운 불로 달구어야 하기 때문에 뜨겁다고 했다. 뜨거우면 얼마나 뜨겁겠는가. 밤마다 쑤셔서 잠을 못 자는 것보다는 낫겠다 싶어 참을 수 있다고 했다. 아니나 다를까 쑥뜸을 뜨고 나니까 전보다는 조금 나은 듯싶어서 몇 번을 더 맞기로 했다.

이처럼 어떠한 문제가 발생하면 그 해결을 위해서 근본적인 이유가 무엇인지 바로 진단하고 접근해야만 하는데 원인이 무엇인지조차 알지 못하고 겉으로만 빙빙 맴돌다 보니 문제가 해결되지 않는다. 즉, 어떠한 일이 발생하면 문제를 해결하기 위해 좀 더 깊이 기도해 봐야만 하는데 깊이 기도하기보다는 문제의 주변만을 맴돌고 있다는 사실들을 볼 때 참으로 안타깝다.

사도행전 3장에 보면 성전 미문에 구걸하는 앉은뱅이의 모습이 기록되어 있다. 그의 근본적인 문제는 무엇일까. 먹고 살기 위해 구걸하는 것일까. 아니면 앉은뱅이라는 불구에서 건강하게 치료받고 일어나는 것일까. 베드로는 앉은뱅이의 근본적인 문제가 무엇인지를 알았다.

베드로는 이렇게 명령했다. "금과 은은 내게 없거니와 내게 있는 것으로 네게 주노니 곧 나사렛 예수 그리스도의 이름으로 일어나 걸으라"고 명령 했다. 날마다 먹을 것을 주는 것만이 상책이 아니라 고기 잡는 방법을 가르쳐 주는 것처럼 스스로 일어나 일할 수 있도록 만들어 주어야만 한다.

이처럼 지혜로운 자는 물에 기름처럼 주변을 빙빙 떠돌거나 피하는 것이 아니라 좀 더 깊이 기도하여 근본문제를 풀어 버리는 것이 스스로에게도 유익하다.

그렇다면 방법은 무엇일까. 방법은 오직 한 가지, 신앙의 회복이다. 성령의 강한 불침을 맞을 수만 있다면 모든 문제의 근원은 스스로 해결될 것이라고 확신한다.

"성령의 충만함을 받을 수만 있다면…"

믿음의 현 주소를 확인해라

믿음의 현 주소를 점검해 보아야 할
필요성이 요구된다.

집집마다 우체통 주변을 보면 주인 없는 편지들이 쌓여 있다. 이사 간 지가 몇 년이 되었는데도 주소를 옮기지 않아서 길을 잃은 편지들이 나뒹구는 것을 볼 때마다 안타까운 생각이 든다. 이처럼 하나님께서도 우리에게 무엇인가를 전달하기 위해서 복음의 편지를 전달했는데 그 믿음들이 하나님의 믿음과 달라서, 즉 주소가 달라서 전달되지 못하는 경우가 많이 있을 수 있다는 사실이다. 그러면 믿음의 영적주소란 과연 무엇일까? 믿음이란 확실한 것을 뜻하고 주소란 장소를 의미하는데, 이를 연결해 보면 확실한 장소, 즉 하나님과 만나는 장소를 뜻한다.

믿음이란 주소와 마찬가지인데 믿음이라는 단어를 가장 많이 사용하는 사람들의 부류를 보면 일반인들보다 특히 예수를 믿는 사람들이 전유물처럼 더 많이 사용한다. 그런데 중요한 것은 툭하면 믿음이란 단어를 가장 자주 사용하는 빈도에 비해, 믿음이 무엇이냐고 물어보면 믿음이라는 단어를 사용하는 확신만큼 믿음을 이것이다라고 정확하게 설명하는 사람들이 극히 적다. 믿음이란 한마디로 하늘의 소리를 들을 수 있는 영적 주소다. 때문에 주소가 흐릿해서는 안 되고 정확해야만 한다.

주소가 정확하면 하늘의 소리가 들린다. 모리아산의 아브라함처럼, 다메섹의 바울처럼, 시내산에 있던 모세처럼 말이다. 그리고 사자굴 속의 다니엘에게 천사를 보내어 사자들의 입을 막았던 것처럼 말이다. 그런데 주소가 불확실하면 하늘의 소리가 들리지도 않겠지만 천사들이 찾아갈 수도 없다. 그 결과 하나님 뜻대로 사는 것이 아니라 내 뜻을 앞세우게 되고 천사들의 도움을 받지 못하다 보니 하는 일들이 잘 안 풀리게 된다는 원리이다.

이스라엘 백성들이 그 한 예가 된다. 너희는 가나안 땅에 들어가면 그 땅 원주민들을 모두 다 쫓아내라고 말씀하셨다. 그런데 그들은 그 땅에 살던 원주민들을 모두 다 쫓아내지 못했고 그 결과 그들로 인해 많은 괴롭힘을 당했다. 그리고 그런 불순종이 가나안의 우상을 만들어 섬기게 되는 근간이 된 것이다. 이것을 영적으로 생각해 보면 예수를 믿는 우리의 내면에도 세상적인 믿음이 남아 있다는 것을 유추해 볼 수 있다. 세상적인 믿음은 내 생각인데 그 결과는 하늘의 소리를 듣지 못하게 되고 우상을 섬기는 삶을 살면서도 하나님을 섬긴다고 착각에 빠지는 우를 범하게 된다. 이스라엘 백성들이 그랬고 신자들이 말씀에 순종하지 못한 원인이 바로 그 때문이다. 아직도 자신의 내면에 남아 있던 경험철학과 내가 복음이 부서져야만 하는데, 그렇지 못한 결과이고 방법은 오직 성령의 강한 역사가 나타날 때만 가능하다.

무엇을 보고, 무엇을 배우며, 무슨 소리를 듣느냐에 따라 믿음이 생겨나는데 그 첫 번째 단계가 생각의 단계다. 그리고 그 생각을 자꾸 되풀이하게 되면 두 번째 단계로 신념의 단계가 되고 또 그 신념이 굳어지면 세 번째로 철학의 단계가 되는데 철학의 단계를 넘어서면 그 철학은 다시 종교가 되어 우상을 만들게 되거나 우상을 섬기게 된다. 종교란 무엇인가를 믿어야만 살 수 있다는 사상이기 때문에 그들은 스스로 믿음의 대상이 되는 우상을 만들거나 자신이 스스로 우상이 되려고 하는데 하나님은 그것을 가장 싫어하신다.

지금까지 필자가 진짜 믿음을 논하기 전에 먼저 세상의 믿음을 살펴본 것은 우리의 믿음을 한번 정확하게 점검해 보고자 하는 의도에서이다. 과연 나의 믿음은 내 철학과 종교를 넘어 진짜 하늘의 믿음을 소유하고 있는가. 아니면 인본주의와 섞여 있는가. 믿음의 현 주소를 점검해 보아야만 할 필요성이 요구된다. 인본주의를 이길 수 있는 큰 믿음, 즉 예수님으로부터 칭찬받을 수 있는 믿음의 소유자들이 다 되었으면 얼마나 좋을까 하는 생각을 해 보며 십자가 너머 마가다락방에 임했던 영적인 주소가 심비에 각인된다면 천사들은 오늘도 우리에게 찾아올 것이고 역사는 나타날 것이다.

마음을 알 수만 있다면

해답은 관계 속에서

열길 물속의 깊이는 알아도 사람의 속마음은 알 수 없다는 말이 있다. 정말 알 수 없는 것일까. 학자들은 지금까지도 사람들의 마음을 알기 위해 수많은 노력을 기울이고 있는데, 사람의 마음을 잘 알려면 그 사람의 성격유형을 이해하는 것이 중요하다고 말한다. 왜냐하면 성격을 이해하는 일이 곧 그 사람의 마음을 이해할 수 있는 유일한 방법이기 때문이라는 것이다.

성격유형을 연구하는 학자들의 견해를 논하자면 여러 가지의 유형을 논할 수 있겠지만 여기에서는 크게 네 가지로 짝지어 생각해 보려고 한다. 그 첫째는 내향적인 사람과 외향적인 사람이다. 내향적인 사람과 외향적인 사람의 차이는 여러 가지를 들 수 있겠지만 그 가운데서도 가장 중요한 것은 삶의 에너지를 어디서 받느냐의 차이이다.

내향적인 사람은 삶의 에너지를 내 안으로부터 받지만 외향적인 사람은 밖으로부터 받는다. 즉 내향적인 사람은 잠시 쉬어야 에너지가 축적되지만 외향적인 사람은 밖에서 사람을 만나거나 일을 해야만 에너지가 생긴다. 또한 내향적인 사람은 글로 표현을 잘 하지만 외향적인 사람은 말로 표현을 잘하기 때문에, 인간관계면서는 외향적인 사람이 좋으나 반면에 내향적인 사람은 변함이 없다.

두 번째는 정리형의 사람과 개방형의 사람이다. 정리형의 사람은 어떤 일을 해도 정리가 잘 되어 있어야만 스트레스를 받지 않는다. 특히 정리형의 사람에게 만약 책 한 권이 책장에 거꾸로 끼어 있다고 한다면 그 사람은 그것이 신경 쓰여서 다른 일이 잘 안 된다. 그러므로 정리형의 사람은 매사에 정리 정돈이 잘 되어 있어야만 하고 일을 해도 계획대로 해야만 한다. 그런데 그 사람의 단점은 세운 계획을 다시 바꾸기가 매우 힘 이 든다. 때문에 그 사람은 고집이 세다. 반대로 개방형의 사람은 정리, 정돈이나 계획보다는 무엇이 더 중요한가 우선순위를 따지게 된다. 즉 중요한 일부터 하게 된다. 그리고 일의 결론도 융통성이 있다. 만약 어떤 일을 잘못했으면 다음에 잘하면 된다고 쉽게 넘어갈 수 있지만, 단점은 계획대로 일을 해낸다고 하면서도 일을 자꾸 미룬다.

세 번째는 현실형의 사람과 이상형의 사람이다. 현실형의 사람은 보고 들은 대로 이야기하는 사람이다. 이런 사람에게는 무엇을 시키더라도 구체적으로 말해 주어야만 한다. 아이스크림 하나를 사오라고 심부름을 시켜도 앞 슈퍼에 가서 '바밤바'를 사오라고 정확하게 말해 주어야만 한다. 단점은 융통성이 부족하다는 것이다. 그런데 반대로 이상형은 현실보다는 느낌대로 행하는 사람이다. 예를 들어 시원한 아이스크림 하나를 사오라고 하면 어떤 것을 사오냐고 묻지 않고 그냥 가서 자기가 좋아 보이는 느낌대로 사온다. 이런 사람의 장점은 미래 지향적인 사람이기는 하지만 단점은 건방지다는 소리를 잘 듣는다.

마지막으로는 사고형과 감정형이다. 사고형은 객관적인 원칙을 가지고 판단을 하며 원칙의 기준을 중요시한다. 장점은 거절을 잘하지만 단점은 매정하다는 소리를 잘 듣는다. 하지만 감정형은 주관적인 가치를 가지고 판단을 한다. 매사를 그때그때 감정대로 판단하는 것이 단점이다. 때문에 실수가 많다.

이처럼 앞서 밝힌 8가지 유형들의 성격은 서로의 관계 속에서 부딪치면서 스트레스가 발생되는데 그러한 스트레스의 해결방법은 무엇일까. 해답은 관계 속에서 상대를 잘 알고 맞춰나가는 것 외에는 별다른 답이 없다. 왜냐하면 이 세상 사람들의 모든 성격이 나와 다르기 때문에 그 성격을 인정하고 수용을 해야만 하는데 사람들은 자꾸 상대의 성격을 고치려고 한다. 우리는 상대의 성격을 고치려고 하지 말고 그 사람의 모든 것을 수용할 때 스트레스를 덜 받게 된다.

어느 날 남편 때문에 스트레스를 많이 받은 사람이 너무 화가 나서 주님께 물어 봤다. 예수님 저 사람 때문에 하루 이틀도 아니고 너무 화가 나고 속상해서 못살겠어요. 저 사람 성격 좀 고쳐 달라고 기도를 했더니 주님이 다음과 같은 대답을 했다고 한다. "나도 사람들의 성격을 고치다 고치다가 못 고치고 결국은 내가 그냥 죽어 버렸느니라."

인생 역전의 기회

그들의 믿음을 외면하지 않고
오히려 인생 역전의 기회로 만들어 주셨다.

　요즈음 인터넷이나 방송매체에서 화제로 떠오르는 글귀가 하나
있는데 그것은 '인생 역전'이다. 인생 역전이라는 글이 화제가 된 것
은 2010년 밴쿠버 동계올림픽 빙속 500m 경기에서 금메달을 딴 이
상화 선수를 두고 이른 말이다. 이상화 선수는 어릴 때부터 운동을
시작했지만 늘 가정형편이 어려웠기 때문에 부모님이 남들처럼 뒷
받침을 못해 줬다고 한다. 그럼에도 불구하고 그는 자신의 꿈을 포
기하지 않고 최선을 다하는 강한 승부욕이 오늘의 영예를 만들어 낸
것이다.

　이상화 선수의 방에 걸려 있는 달력 2월 16일 날짜에는 동그라미
가 쳐져 있는데 그 밑에는 '인생 역전'이라는 글귀가 쓰여 있다고 한
다. 이처럼 이상화 선수는 언제나 자기 자신에게 남다른 자기 최면
을 걸며 노력한 흔적들이 역력하게 엿보였고, 그와 같은 결심과 피

땀의 대가는 실전의 경기장에서 결실로 증명되었다.

물론 이날이 오기까지 몇 백 분의 일 초를 경신하기 위해 얼마나 많은 고통의 눈물을 흘렸을까. 한 마디로 훈련은 곧 생명을 거는 사투였을 것이다. 관중들이 보기에는 올림픽 경기에 참여한 것만으로도 영광스러운 일이라고 말할 수 있을지 모르겠지만 인생 역전을 꿈꾸었던 이상화 선수에게 그런 말은 허용되지 않는다. 오직 금메달이 아니면 안 된다는 일념을 되새김질하며 피나는 훈련을 극복해 냈기 때문에 가능했던 일이다. 국내도 아닌 세계의 무대에서 그리고 그 분야에서 내로라하는 선수들과 당당히 겨루고 승리한 쾌거이기 때문에 그의 기쁨은 더 클 것이다.

금메달을 목에 걸 때 경기장 하늘에는 태극기가 높이 올라가고 애국가가 울려 퍼지는 그 순간 선수도 울었고 서울의 가족도 울었다. 그리고 국민들도 눈시울이 뜨거웠다. 아마도 그 울음은 뜻깊은 울음이었을 것이다. 한 맺힌 설움이 복받치는 울음이었을 것이고, 또한 기쁨의 눈물이었을 것이며, 새로운 다짐의 눈물이었을 것이다. 그리고 그 장면을 보고 있던 관중도, 온 국민들의 가슴에도 뜨거운 전율이 느껴졌다. 아마도 그 장면을 본 사람들이라면 누구나 비슷한 감정이 아니었을까.

필자도 그 장면을 보면서 찡한 감동의 새로운 결심이 봄날의 새순처럼 싹터 오르며, 인생 역전의 기회는 내게도 오겠지, 아니 우리 모두에게 인생의 한판 뒤집기와 같은 기적이 일어날 수 있었으면 참 좋겠다는 뜨거운 생각이 불같이 살아났다.

성경의 에스더서를 읽어 보면 죽음의 위기를 한판 뒤집기와 같은 기적의 기회로 바꾼 사람이 있는데, 그는 모르드개와 에스더다. 이들에게는 어느 날 하나님을 잘 섬긴다는 이유 하나로 온 유대 민족들이 몰살당할 수밖에 없는 위기가 찾아왔다. 그런데 하나님은 모르드개와 에스더의 믿음을 외면하지 않으시고 인생 역전의 기회로 만들어 주셨다. 높은 장대에 매달려 죽어야 할 모르드개와 에스더는 살고, 역적인 하만이 죽게 된 것은 한마디로 기적이다. 그뿐만 아니라 모든 권세까지도 다 회복시켜 주셨다. 죽음이라는 위협 앞에서도 흔들리지 않았던 그 믿음이 인생의 한판 뒤집기를 만들어 낸 것이다.

우리도 내 인생의 달력에 '인생 역전의 기회'라고 써 놓고 기도를 하면 어떠할까. 믿음의 결심을 따라 분명 내게도 인생역전의 기회는 다가올 수 있다. 확신을 마음에 새기고 승리의 개가를 부를 수 있는 그날을 사모해 보자.

딱 한 가지만 고칠 수 있다면

나의 문제는 누가 뭐래도 내가 제일 잘 알고
또한 어느 것을 고쳐야만 할지도 내가 제일 잘 안다.

나의 단점은 무엇일까. 단점이 한두 가지이겠느냐만 그 가운데서 '딱 한 가지만 고칠 수 있다면' 얼마나 좋을까. 그 한 가지만 고칠 수 있었다면 아무런 문제가 없었을 텐데 딱 그 한 가지를 고치지 못해 평생을 후회하며 살아가는 경우가 있다. 툭하면 우리는 "너나 잘해."라는 말에 너무 익숙해져 있다.

세월이 참 많이 좋아졌다. 몇 십 년 전까지만 해도 자가용은 돈 있는 사람들의 전유물이거나 사치품처럼 여겨졌었는데 이제는 사치품이 아니라 필수품처럼 되어 웬만한 사람이라면 너나 할 것 없이 차를 소유하지 않은 사람들이 없을 정도로 살기 좋은 세상이 되었다.

필자도 예외는 아니다. 자동차는 걸어 다니는 발이자 집과 같이 필수품처럼 되어 자동차를 빼놓고는 삶을 이야기할 수가 없을 정도로 삶의 일부가 되어 버린 지 오래다.

며칠 전의 일이었다. 갑자기 타고 다니던 자동차가 고장이 난 느낌이 들어서 어느 권사님께 말을 했더니 그러면 유 집사님에게 가서 차를 고치라는 것이다.

나는 염치불고하고 권사님과 함께 망우리로 갔다. 그리고 기왕 신세를 지는 거, 고치는 김에 다 고치려고 하다 보니 차가 오래되어 고칠 곳이 한두 군데가 아니었다. 나는 눈 딱 감고 타이어도 새것으로 갈고 뒤 트렁크 문짝 고장 난 것도 고치고 엔진 오일도 새것으로 넣었다. 그리고 집에 돌아왔는데 와서 보니 웬일인지 차가 시동을 걸면 엔진소리가 부드럽고 조용해야만 하는데 엔진소리가 영 불안정했다. 꿀꺽꿀꺽하며 가만히 서 있으면 시동이 꺼질 것만 같은 느낌에 불안했다. 그리고 출발을 하면 차가 쭈—욱 잘 나가야만 되는데 왠지 무거운 느낌이 들면서 생각처럼 잘 나가지를 않았다.

액셀러레이터를 밟으면 엔진소리가 부드럽게, 부르르릉— 하고 알피엠이 올라가야만 정상인데 엔진소리가 '으드드득' 하는 느낌이 들면서 차가 잘 나가지를 않는다. 그래서 나는 다음 날 아침 일찍 또다시 망우리 자동차 서비스 센터로 찾아갔다. 그리고 내가 느낀 대로 자동차의 이상 징조를 하나하나 설명했더니 전문가는 연료계통에 문제가 생긴 것 같다고 했다. 그런데 내가 보는 견해는 달랐다. 문제는 연소가 잘 안 돼서 그런 것 같으니 플러그만 바꾸면 될 것 같다고 했더니 집사님은 내 말을 듣고 플러그를 바꿔 주었다. 시운전을 해 보았다. 역시 자동차는 언제 그랬느냐는 식으로 모두가 다 정상이 되어 원하는 대로 흔들리지도 않았고 부드럽게 잘 나갔다.

우리의 인생이나 가정도 이처럼 흔들리지 말고 행복하게 잘 나갔으면 얼마나 좋을까 하는 생각을 해 보며 차를 탈 때마다 집사님을 위해 기도를 한다. 나의 문제는 누가 뭐래도 내가 제일 잘 안다. 또한 나의 단점을 잘 알면서도 그것을 고치지 못해 많은 문제들을 불러일으키는 불씨가 되는데도 불구하고 고치려 들지 않는다.

모난 성격 그것 한 가지만 딱 고친다면 잘 나가는 인생이 될 텐데 그 한 가지를 고치지 못하고 애를 먹는다. 이제는 '너나 잘해'가 아니라 욱하는 그 한 가지만 고칠 수 있다면 모두가 편해질 것이고, 그동안의 문제들도 연기처럼 사라질 것이다.

남과 북의 현실과 나

지혜자는 가치 없는 일에
에너지를 소모하지는 않는다.

우리의 남과 북은 어디이고 휴전선은 어디인가. 그리고 정말 휴전선은 안전한가. 외부로 보기에는 안전한 것 같지만 실제는 언제 전쟁이 터질지 모르는 핵폭탄을 품고 살아가는데, 그 현장은 곧 우리 삶의 현실적 그림자가 아닐까.

서해상에서 일어났던 천안함의 침몰사고의 책임소재는 지금도 불분명하다. 많은 장병들이 희생을 당했지만 아직도 그 영령들의 영혼을 위로하지 못하고 있다. 과연 누구의 소행이냐를 점치고 있을 뿐, 서로가 책임을 회피하고 있다. 그 이유는 모두가 남과 북이 하나되지 못한 이유에서 시작된 것이다. 우리나라는 큰 나라도 아니면서 남과 북으로 나뉘어 분단과 이산의 아픔을 겪고 있다. 분단과 이산의 아픔은 겪어 본 사람 외에는 아무도 모른다. 특히 세계를 돌아봐도 우리나라와 같은 분단국가는 드물다. 한 민족이면서도 분단의 아품을 겪고 있는 나라는 우리나라밖에 없다. 또한 남과 북이 분단됨으로 인한 막대한 전쟁비용은 물론 얼마나 많은 가족들이 헤어져 살거나 고통을 겪어야만 했나. 참으로 안타깝고 안타까운 일이 아닐 수 없다. 그렇다면 한 민족이었던 우리나라는 어떻게 해서 왜 38선을 경계로 하여 오고 갈 수 없는 지경에 이르게 되었는가.

원초적인 문제는 조선의 황실에서 일어난 다툼이 일본에게 침략을 당하게 된 원인이기도 하지만 더 큰 원인은 나라가 해방된 뒤에도 정신을 못 차리고 내 나라를 지켜 내지 못한 것, 즉 서로간의 분쟁과 갈등이 문제였다. 때문에 분쟁은 서로를 갈라놓을 뿐만 아니라 망함을 자초하는 일이다.

1945년 8월 15일, 일본제국이 무조건 항복을 선언함으로써 제2차 세계대전이 종결되었는데, 일본이 패망하기 직전 미국과 소련은 패망한 일본군의 무장해제를 위해 38선을 기준으로 해서 이북으로는 소련군이 주둔하고 이남으로는 미군이 주둔하기로 합의를 하게 되었다. 그 이유는 남아 있던 일본군들을 완전히 제압하기 위함에서였다. 그런데 이북 쪽에서는 김일성이 지도자가 되어서 국민을 선동했고 남한에는 이승만이 지도자가 되어 나라를 이끌게 되었는데, 북한은 통일을 해야 한다는 명목 아래 좋은 방법 다 놔두고 1950년 6월 25일 새벽 4시 갑자기 전쟁을 일으킨 것이다. 그리고 70년의 세월이 지난 지금까지도 전쟁을 종결하지 못한 채 휴전선을 사이에 두고 속절없는 시간만 자꾸 흘러가고 있다.

그 후부터 남북은 서로가 주체성을 잃어버리고 원수가 되어 헐뜯으며 남의 소리에 귀를 기울일 수밖에 없는 안타까운 세월을 보내고 있다. 성경에도 보면 이스라엘 백성들은 본래는 하나였었다. 그리고 그들은 행복한 사람들이어야만 했다. 그런데 어찌된 일인지 그들은 남북으로 분열되어 외부의 침입과 압제로 인하여 우리나라보다도 더 많은 어려움들을 겪으며 살아가고 있다. 그 원인은 단 한 가지 하나님을 바로 섬기지 못했기 때문이며, 생각이 하나 되지 못한 탓이다.

그들이 회복되기 위해서는 주님 재림하시기 전에는 불가능하지 않을까 하는 생각을 해 본다. 특히 이러한 원리는 나라든 가정이든 개인이든 어떠한 공동체라 할지라도 원리는 동일하다. 이 세상이 움직이는 데는 모두가 음양의 이치가 있는데 남과 북이 있으면 낮과 밤이 있고 남과 여가 있는가 하면 하나님과 마귀의 나라가 있다. 이처럼 음양의 이치는 둘이 하나 될 때 생명의 역사가 일어나게 되는데 그 일은 오직 주님이 도와야만 가능하다.

주님은 지금도 우리 모두가 하나 되기를 소원하고 계신다. 어떤 집은 한 가정 안에서도 남과 북이 있고, 또 어떤 교회는 한 교회 안에서도 남과 북이 있을 수 있다. 아니 한 이불 속에서도 하나 되지 못하는 경우가 있다.

나라를 지킨다는 이름의 명목으로 남과 북이 얼마나 많은 전쟁 비용으로 에너지를 소비하고 있는가. 분쟁은 스스로를 망하게 하는 독

약이다. 그렇다면 오늘 우리는 어떻게 해야만 남과 북의 현실적 문제를 해결할 수 있을까. 아니 남과 북의 문제 이전에 어떻게 하면 너와 나의 갈등의 문제를 해결할 수 있을까. 문제는 남과 북의 한가운데 서 있는 대화의 장소에서 대화가 이루어져야만 하듯 너와 나 사이에도 한 자리에 나와 이견을 좁히는 진정한 대화가 필요하다. 결론은 내 욕심을 조금 내려놓고 대화를 시작하는 길이 최선의 방법이 아닐까. 왜냐하면 그 길이 약소국가의 설음을 면하는 길이고 또한 우리 모두가 다 잘사는 길이기 때문에 그렇다.

함구령

함구령이란 어떤 일의 내용이 결론나기 전에
이러쿵저러쿵 미리 말하지 말라는 명령이다.

1914년 미국이 파나마 운하를 건설할 때의 일화이다. 운하는 바다와 바다를 연결하기 위해 육지에 뱃길을 내는 작업인데 당시 파나마 운하 건설은 불가능한 여건과 상황에 대한 도전이며 모험이었다. 하지만 만약 운하가 제대로 건설되기만 한다면 그로 인하여 파생되는 경제적 효과는 이루 말할 수가 없는 공사였다. 그런데 이익이 많으면 많을수록 좋은 일보다는 위험한 일이 더 많다는 사실이다.

당시 운하 건설에 총책임을 맡았던 담당자는 눈앞이 캄캄했다. 사람들의 이해타산도 문제였지만 불리한 지리적 여건과 악천후까지 겹쳐 도저히 작업을 계속 진행할 수 없는 상황에 이르렀기 때문이다. 그런가 하면 설상가상으로 주변에서는 긍정적인 평가나 희망보다는 오히려 "운하는 완공될 수 없다."라고 악평을 일삼는 부정적 여론과 맞서야만 하는 것이 더욱 힘들었다.

그럼에도 그는 온갖 비난과 모략을 다 감수하며 묵묵히 침묵을 지키고 공사를 성실히 추진해 나갔다. 주위 사람들은 그를 안타까워하며 "왜 그런 모함을 받고도 침묵하십니까?"라고 물을 때마다 그는 "때가 되면 말할 때가 올 것"이라고만 대답했다. 다급한 이들은 "그때가 과연 언제입니까?"라고 다그쳐 물어도 그는 웃으며 짤막하게 "운하가 완공된 후"라고만 대답을 했다. 이처럼 그는 모든 책임을 맡았던 스스로에게 함구령을 내렸던 것이다.

함구령이란 어떤 일의 내용이 결론나기 전에 이러쿵저러쿵 미리 말하지 말라는 명령이다. 그러면 그는 왜 자신에게 함구령을 내렸을까? 기도해야 될 사람들이 기도하지 못하고 서로가 인간의 생각으로 수군거린다면 득보다는 실이 더 많은 것처럼, 그는 목적이 이루는 것이 더 중요하다는 것을 알았기 때문이다. 그리고 내 말을 먼저 앞세우거나 그들의 말에 동요되다 보면 오히려 다짐했던 마음의 결심이 상실될 수도 있다는 사실을 알기 때문이었다.

솔로몬은 잠언 15장 28절에 "의인의 마음은 대답할 때 말을 깊이 생각하여도 악인의 입은 악을 쏟느니라"라고 했다. 신체 기관 중에 귀는 양쪽에 하나씩 두 개가 있는데 입은 하나이다. 왜일까를 생각해 보자. 듣는 것은 양쪽으로 듣고 그 가운데 한 가지만 말하라는 의미가 아닌가. 우리의 옛 격언에도 보면 침묵은 금이라는 말이 있다.

고린도 교회는 말이 많고 분쟁이 많은 교회였다. 때문에 바울은 분쟁이 많던 이 교회에 다음과 같이 말했다. "하나님의 나라는 말에 있지 아니하고 하나님의 능력이라"(고전4:20) 이 말을 바꾸어 말하면 하나님의 나라는 말로만이 아니라 그 말이 열매로 나타나 증명해 보여야만 된다는 것이다.

믿음의 사람들은 앞으로 큰일을 해야 될 일꾼들이다. 그리고 큰일을 해야 될 일꾼들의 앞에는 좋은 일뿐만이 아니라 막히는 문제도 있을 수 있다. 그러기 때문에 말의 실수로 인하여 하나님의 사업을 무너지게 해서는 안 된다는 뜻이다. 또한 어려울 때일수록 서로가 마음을 상하게 하는 일을 해서도 안 된다. 묵묵히 가다 보면 하나님이 우리의 맺힌 원한을 풀어 주시고, 입을 열어 노래하게 하실 그날이 반드시 다가올 것이다. 우리 모두 현실 앞에 '함구령'의 깊은 의미를 상고해 보자.

제5장

내게 다가온 기회들

행복의 꽃잎

행복의 꽃잎

현재 눈앞에 보이는 행복의 꽃잎들을
스스로 짓밟아서는 안 된다.

행복은 어디에 있는가. 행복이란 멀리 있는 것이 아니라 바로 내 앞에 있다. 그런데 행복이 바로 눈앞에 있는데도 불구하고 그것을 보지 못하고 찾아 헤매는 삶을 살아간다는 것은 참으로 안타까운 일이다.

필자는 시골에 살면서 여러 마리의 토끼를 길러 본 적이 있었다. 아니 필자뿐만이 아니라 시골에 고향을 둔 사람들이라면 한번쯤은 누구나 그런 경험을 했거나 본 적이 있을 것이다. 특히 토끼는 강아지 다음으로 귀엽게 생겨 어린이들이 참 좋아 한다. 요즘은 애완용으로 변이를 시킨 토끼를 기르기도 하지만, 필자가 여기서 말하고자 하는 취지는 토끼가 아니라 토끼가 좋아하는 토끼풀에 대해서 생각해 보려는 것이다. 본래 토끼풀의 학명은 'Clover'인데 잘 알다시피 네 개가 달린 잎의 꽃말을 '행운'이라고 한다.

그렇다면 네잎 클로버가 행운이라는 아름다운 꽃말을 갖게 된 배경은 어디서부터일까. 그 시작의 배경은 전쟁의 황제 나폴레옹이 전쟁 중에 무심코 눈앞에 보이는 네잎 클로버가 하도 신기하게 생겨서 허리를 굽혀 바라보는 그 순간 적군이 쏜 총알이 아슬아슬하게 그를 비켜나가자 이것이야말로 행운이라고 생각을 하게 되면서부터 네잎 클로버의 꽃말이 생겨나게 되었다고 한다.

사람들은 그때부터 네잎 클로버를 동경하게 되었고 또한 네잎 클로버를 찾아보려고 애를 써 보지만 세잎 클로버처럼 네잎 클로버는 찾기가 쉽지 않았다. 그런데도 사람들은 지금도 네잎 클로버를 찾으려다가 좋은 세상을 다 허비하는 경우가 많이 있는데, 여기서 우리는 중요한 것 하나를 깨달아야만 한다. 네잎 클로버의 행운도 매우 중요하지만 더더욱 중요한 것은 눈앞에 흔히 보이는 것이 세잎 클로버인데, 세잎 클로버의 꽃말이 '행복'이라는 뜻이다. 또한 네잎 클로버는 찾기가 힘든 반면에 세잎 클로버는 눈앞에 널려 있을 뿐만 아니라 그 종류만도 300여 가지가 된다고 한다. 이처럼 행복은 우리 눈앞에 수없이 널려 있다는 말이다.

그런데 사람들은 행운만을 붙잡으려다가 눈앞에 널려 있는 행복을 발견하지 못하고 좋은 시절을 다 보낸다는 사실이 얼마나 안타까운 일인가. 자신의 꿈이나 목적을 이루는 것도 매우 중요하지만 더더욱 중요한 것은 눈앞에 있는 행복을 찾는 일이다. 만약 행복을 찾지 못한다면 그 인생은 참으로 무의미한 삶이 되지 아니할까. 우리가 지금 당장 욕심의 그릇을 잠깐 비우고 주변을 가만 가만 헤아려 본다면 들판에 널려 있는 세잎 클로버만큼이나 우리 주변에는 나를 행복하게 해 줄 수 있는 행복의 꽃잎들이 많을 것이다.

어떤 사람처럼 지금도 미지수인 행운을 찾는다고 자신 앞에 놓여 있는 행복의 꽃잎을 짓밟고 있는 사람이 있다면 빨리 헛된 생각을 바꾸고 눈앞에 보이는 행복을 붙잡을 수 있는 지혜가 필요하다. 행복을 따라가다 보면 보이지 않던 행운도 오게 된다.

특히 예수를 믿는 사람들에게는 더더욱 그러하다. 즉 예수로 인한 구원의 감격과 행복을 느끼지 못한다면 그 사람 역시 미지수인 행운을 찾고 있는 사람과 같을 것이다. 행운을 기대하지 말라는 말은 아니다. 중요한 것은 행운을 찾는다는 이유 때문에 많은 시간을 허비하거나 현재 눈앞에 보이는 행복의 꽃잎들을 스스로 짓밟아서는 안 된다는 말이다. 대중가요의 한 대목이 생각난다. "행운을 드립니다. 여러분께 드립니다. 삼태기로 퍼 드립니다."

다가오는 재앙을 피하라

갑자기 일을 행하시는 것이 아니라
여러 번의 경고를 하시고 난 뒤에 심판을 행하신다.

　얼마 전 필자는 영화 〈해운대〉의 예고편을 본 적이 있다. 영화를
다 보지는 못했기 때문에 자세한 내용은 잘 모르겠지만 어느 날 갑
자기 바다에서 알 수 없는 큰 해일이 일어나 도시전체를 덮친다는
이야기이다. 수십 미터나 되는 해일이 도시 한복판으로 밀어닥치는
바람에 빌딩은 물론 가옥과 자동차, 그리고 모든 사람들이 피할 겨
를도 없이 순식간에 장난감처럼 물속으로 휩쓸려 가는 모습들을 보
면서 세상에 저런 일이 어떻게 일어날 수 있을까 생각을 했었는데
그런 일들은 이제 영화 속의 일들만이 아니라 세계 도처에서 실제로
심심찮게 일어나고 있다는 사실이다. 우리는 이러한 사실들을 과연
우연이라고 해야만 할 것인가. 한번쯤 깊이 생각해 봐야만 한다.
　마태복음 24장을 보면 세상 끝에는 분명 이러한 일들이 처처에서
일어날 것이라는 사실에 대하여 이미 다 말씀을 해 놓으셨다는 사실

을 우리는 부정할 수가 없다. 또한 우리는 그러한 말씀을 날마다 보고 들으면서도 믿어지지 않거나 직접적으로 피부에 와닿지 않았기 때문에 공상과학 만화와 같은 이야기들이겠지 하고 치부해 버렸었다.

미래학자 엘렌지 화잇 같은 사람은 이미 100년 전에 지구에 종말이 올 것이라는 사실들을 예언한 바가 있다. 특히 인류의 재앙으로 불리고 있는 일련의 사건들이 일어난 지역들을 살펴보면 대부분이 우상들을 섬기는 나라이거나 지역이고 아니면 환락의 거리들이었다. 앞서 이러한 재앙이 일어났던 지역들을 보면 중국 쓰완성의 사태나 태국, 인도네시아, 일본 등을 보아 짐작할 수 있다.

특히 일본에서 일어난 지진의 위력을 보면 진도 8.9의 규모로 2차 세계 대전 당시 히로시마에 떨어졌던 원자 폭탄의 수십 배에 이른다고 하는데, 그러한 지진이 육지에서 멀리 떨어져 있는 바다 한가운데서 일어났기에 망정이지 만약 도시 한복판에서 일어났다고 한다면 과연 어떻게 되었을까. 생각만 해도 끔찍한 일이 아닐 수 없다.

성경에도 보면 노아의 방주 이후 하나님께서는 세상을 물로 심판하셨고 소돔과 고모라는 유황불로 심판했다. 그리고 본다면 물의 심판보다도 불의 재앙은 앞으로 다가올 더 큰 심판의 예비 메시지가 아닌지 깨달아야 한다. 미국 하와이나 일본의 화산 폭발을 보라. 누가 그 상황을 막을 수 있을 것인가. 최근 일본에서 일어난 재앙 역시 물과 불의 심판이 동시에 일어났다는 데서 그 의미는 더욱 크다.

그런데 어떠한 재앙들이 다가올 때는 갑자기 다가오는 것이 아니라 앞서 여러 번의 경고들이 나타난 뒤에 재앙이 뒤따라 일어난다. 이와 마찬가지로 오늘날 우리의 현실에서도 재난이 다가올 때는 하루아침에 갑자기 다가오는 것이 아니라 어떠한 징조가 보이거나 미리 알려줬는데도 깨닫지 못하거나 그냥 지나쳐 버리는 경우가 적지 않다.

어떤 경우는 재앙으로 인해 모든 것이 한순간에 다 끝나버리는 경우도 있지만 또 어떤 경우는 더 좋은 것을 주시기 위한 예시가 되는 경우도 많다. 성경에도 보면 심판 이후에 모든 것이 다 끝나는 것이 아니라 천국 아니면 지옥이 있다는 것을 알게 하시고 어느 편에 서느냐, 선택을 하게 만든다. 그 이유는 훗날 몰랐다거나 하나님의 공의에 어긋난다고 따지며, 발뺌을 할 때 확실한 증거를 남겨 놓으시기 위해서 미리미리 보여 주시는 것이다. 이 세상에 우연은 하나도 없다. 지금이야말로 영적인 눈을 열어 하나님의 뜻하신 바를 바로 잘 깨닫고 롯처럼 빨리 세속의 도시를 떠나 큰 재앙을 면해야만 하지 아니할까.

"재앙의 자리에서 새로운 희망의 자리로
자리바꿈을 해야만 할 시기가 바로 지금이다.
현실을 외면하지 말고 예수 안에서
새로운 희망의 길을 찾자"

그 남편과 그 아내

신앙생활은 행위로 하는 것이 아니라
믿음으로 되는 것이라는 사실을 깨달았다.

루터는 종교개혁의 불을 지핀 수도사요, 신학자이며, 1517년 10월 31일 중세교회의 부패를 지적하며 개혁의 필요성을 외치는 데 앞장 선 사람 가운데 하나이다. 그러면 이 시대는 어떠한가. 이 시대 역시 사회전반은 중세시대를 방불케 할 정도로 혼돈의 중간에 서 있다. 중요한 것은 이를 방관만 할 것이 아니라 불확실한 혼돈 사회를 밝힐 수 있는 묘책을 찾아야만 하는데, 과연 누가 이처럼 혼탁한 사회를 깨울 것인가. 이 시대에도 루터와 같은 사명을 걸고 새로운 개혁을 강하게 외칠 수 있는 인재가 꼭 필요하다.

역사적으로 볼 때 당시 중세시대 1000년의 역사는 어둠의 시대였다. 말로는 하나님을 섬긴다고 하지만 실제적으로는 하나님이 함께 하실 수 없을 정도의 인본주의 시대였다. 하나님보다 사람의 말이 더 우선시되는 시대였다. 신앙생활은 개떡같이 하면서 잘되기를 원하는 사람들이 많았고, 교회는 잘 안 나가면서도 천국 가고 싶은 사람들이 구원의 표를 사고파는 일들이 성행했다. 수도사들은 하나님만을 섬긴다는 일념으로 결혼은 하지 않았지만 신실한 신부가 되지 못했다.

수도원의 신부들은 정결한 삶을 살아야 했음에도 불구하고 작금의 시대처럼 성적으로 타락한 삶을 사는 사람들이 많았다. 그러다 보니 윤리적인 문제들이 질타를 받게 되었고, 예수를 잘 믿지 않는 자들에게도 구원의 표라고 속이며 속죄권을 판매하였다. 그런가 하면 믿지 않고 죽은 자들을 위해 기도를 하거나 헌금, 또는 봉사를 하게 되면 좋은 곳으로 갈 수 있다는 행위 구원을 주장하는데, 그 예가 연옥설이다. 이를 다른 말로 표현하자면 일하지 않고도 월급을 받을 수 있다는 논리와 같다. 아니, 일은 하지 않아도 월급은 받을 수 있을지 모르지만 예수를 믿지 않고는 천국에 갈 수가 없다.

그러한 시대 루터 자신도 수도원 생활을 하며 신부로서 신학자로서 의로운 삶을 살아보려고 고행하며 노력을 해 보았지만 불가능하다는 것을 깨닫게 된 것이다. 신앙의 딜레마에 빠졌던 루터는 어느 날 성경 로마서 1장 17절을 읽는 순간 깊은 진리를 깨닫게 된다. 신앙생활은 행위로 되는 것이 아니라 오직 믿음으로만 가능하다는 사실을, 그러다 보니 현재의 교회들이 너무 잘못되어 가고 있다는 사실을 깨닫고 이를 개혁하려 했는데, 실상은 그 일은 결코 쉽지 않은 일이었다. 내 일도 아니고 남의 잘못들을 지적하고 고친다는 것은 그리 쉬운 일이 아니었다. 루터는 이 일로 인하여 교회에서 퇴출당하기도 하고 수많은 죽을 고비를 넘겨야 했고 화형을 당하는 위기를 맞기도 했었다. 그런데 그때 만약 루터가 앞에 닥친 위기 때문에 그 일을 포기했더라면 오늘의 현실은 어떠했을까. 아마도 유럽의 서구 문화를 창출해 낸 개신교는 시작되지 못했을 것이다.

중요한 일화 하나가 있다. 당시 루터가 루터될 수 있었던 것은 그의 뒤에는 항상 신실한 믿음을 소유한 아내가 있었기 때문이다. 어느 날 루터는 극심한 종교적인 반대와 위기 때문에 낙심이 되어 어깨가 축 늘어진 채로 집에 돌아와 보니 아내가 상복을 입고 울고 앉아 있더라는 것이다. 깜짝 놀란 루터는 어찌된 일이냐고 자초지종을 물었더니 너무 귀중한 분이 죽었다는 것이다. '그'가 누구냐고 물었더니 '그'는 당신 안에 살아 계시던 예수가 죽었는데 어찌 내가 가만히 있을 수 있겠느냐는 것이었다. 역시 그 남편의 그 아내였다.

다른 부인 같으면 그것 보라고, 누가 그런 짓을 하라고 시켰느냐고, 일평생 당신이 해서 잘된 일이 어디 있느냐고, 업신여기며 일평생 가족들을 고생만 시킨다고 내 팔자 네 팔자를 들먹거리며 퍼부었을 텐데, 아니 원망 불평을 넘어 이혼을 요구했을지도 모른다. 그런데 루터의 부인은 그 반대였다는 사실이다. 그리고 그 부인은 한 술 더 떠 루터의 어깨를 보듬고 토닥여 주면서 누가 뭐래도 당신 옆에는 내가 있으니 힘을 내라고, 할 수 있다고 위로의 말을 했다는 것이다. 루터의 아내는 역시 훌륭한 믿음의 여인이었다. 시대마다 위대한 사람 뒤에는 항상 훌륭한 아내들이 있었다는 것을 새삼 깨닫게 된다.

자신과 돈만 알고 현실에 매여 사는 각박한 이 시대에도 루터의 아내와 같은 신실한 믿음의 인물들이 요구된다. 한 시대 어둠을 깨운 개혁자 루터를 루터 되게 했던 그 부인의 일화는 참으로 귀감이 되는 한 폭의 아름다운 명화가 아닐 수 없다. 오늘날 우리도 루터와 그의 부인처럼 신앙이 하나 될 수는 없는 것일까. 그리고 내가 나 될 수 있도록 내 편이 되어 줄 사람이 필요하다. 불의와 타협하는 믿음이 아니라 개혁을 외칠 수 있는 사람이 될 수 있도록, 뒤에서 묵묵히 힘이 되어 줄 수 있는 그런 사람이 이 시대에도 꼭 필요하다.

어느 편에 서야만 할 것인가

하나님과의 약속을 지키기 위해
최선을 다하려면

어느 날 깊은 산속에서 새들과 짐승들이 전쟁을 하고 있었다. 그 때 옆에서 전쟁을 구경하고 있던 박쥐가 있었는데 그 광경을 본 박쥐는 큰 고민이 생겼다. 나는 과연 어느 편에 서야만 하는가의 문제였다. 고민을 하던 박쥐는 짐승들 편에 서기로 결정을 한다. 왜냐하면 새하고 짐승이 함께 싸움을 한다는 것은 누가 봐도 불을 보듯 뻔한 결과이기 때문이다.

조금 전까지만 해도 새들과 함께 영원히 변치 않을 것만 같이 아양을 떨며 놀던 박쥐는 막상 위기가 찾아오고 보니 과거의 관계나 약속 따위는 아랑곳하지 않고 하루아침에 돌변하고 말았다. 그리고 박쥐는 짐승들 진중에 찾아가서 아첨을 떤다. 자기들은 비록 날개가 있어 새처럼 보이지만 실은 새가 아니라 짐승이라고 응석을 떨며 가담을 했다.

그런데 이게 어떻게 된 일인가. 막상 짐승 편에 서고 보니 새들 중에도 무서운 매와 독수리같이 힘이 막강한 새들이 있었다는 사실을 몰랐던 것이다. 그때 어디선가 매와 독수리들이 잽싸게 날아와서는 사자와 호랑이의 머리 위에 앉더니 그들의 눈을 모조리 빼 버리는 것이었다. 그러다 보니 승리하리라고 믿었던 짐승들은 졸지에 패하게 되었던 것이다. 이때 박쥐는 자기의 신변이 불리하게 됨을 깨닫고 다시 새들의 진중에 찾아가서 변명을 해 본다. 자신들은 짐승이 좋아서 짐승 편에 갔던 것이 아니라 그들의 비밀을 탐지하러 갔던 것이라고 변명을 해 보지만 과연 정직한 일인가.

이처럼 이스라엘 백성들을 바라볼 때 꼭 박쥐와 같다는 생각이 들 때가 있다. 애굽이 강할 때는 애굽 편에 섰다가 또 바벨론이 강하면 바벨론에 붙어서 살아가는 모습들이 꼭 박쥐와 같은 현실주의, 아니 기회주의자들이었다. 그런가 하면 이 시대의 정치인들의 모습이 아닌가 하는 생각도 해 보지만 정치인들보다도 오히려 이 시대의 신앙인들의 모습이 박쥐신앙이 아닌가 하는 생각을 한다. 자신들에게 유리한 것이 조금만 눈에 보여도 10년 세월 정도는 하루아침에 등을 돌리는 박쥐의 삶을 연상하게 한다.

오직 하나님 외에 다른 신은 절대 섬기지 않을 것이라고 장담하다가도 말 한마디에 시험이 들고 누군가의 달콤한 말 한마디에 홀딱 넘어가 버리는 이스라엘 백성들, 아니 오늘날 우리의 모습들이 아닌가 싶다. 하지만 아무리 혼탁한 시대일지라도 귀감이 되는 인물들이 있다. 그 사람들은 다름이 아니라 가나안 땅에 살았던 기브온 족속들이다. 그들이야말로 이 시대 우리들에게 신앙의 귀감이 된다. 자신들이 한 약속은 어떠한 경우라도 지키는 믿음, 변하지 않는 그들의 신앙은 전쟁의 위기상황에 하나님을 일하시게 했다. 이처럼 그들은 아무리 환경이 변하고 어려울지라도 약속을 지킬 수 있었던 것은 환경이나 여건이 아니라 하나님의 신실하심을 믿었기 때문이다.

기브온 족속들은 가나안 땅의 원주민들이었다. 이들은 하나님 편에 서기로 결심을 한 후부터는 어떠한 환경적 어려움과 세상이 그들을 유혹한다 해도 넘어가지 않았다. 하나님과의 약속을 지키기 위해 묵묵히 맡겨 주신 일에 최선을 다했다는 사실이다. 그리고 그들의 그러한 삶은 헛된 삶이 아니라 상급이 있는 삶이며 어려울 때 그 누군가의 도움을 이끌어 낼 수 있는 무형의 믿음이 그들을 그들 되게 했던 것이다.

여호수아 9장과 10장에서 이스라엘 백성들과 아모리 사이에 전쟁이 일어났을 때 하나님께서는 누구의 믿음을 보셨을까. 하나님께서는 기브온 족속들의 믿음을 보시고 태양을 떠오르게 하셨다. 그리고 하나님은 그들을 도우사 전쟁에서 승리하게 하셨던 그 승리는 그들만의 승리가 아니라 이스라엘 백성들까지 도움을 입는 승리의 전쟁이 되었던 것이다. 그들 때문에 이스라엘 백성들은 덤으로 승리하게 되었다는 사실을 그들은 알 수 있을까.

오늘날도 그 누군가의 기도 때문에 내가 도움을 입고 있다는 사실, 그런가 하면 반대로 나 때문에 그 누군가가 힘을 얻거나 위로받고 있다면 나의 삶은 정말 소홀히 할 수 없는 삶이다.

이처럼 갑작스러운 위기 상황이 벌어졌을 때 자신들뿐만 아니라 모든 백성들에게 도움을 주었던 기브온 족속들처럼 하나님을 일하시게 하실 수 있는 믿음의 핵심은 결심이다. 그렇다면 나는 지금 현재 어느 편에 서 있는가. 세상 편에 서 있는가. 하나님 편에 서 있는가. 아니면 그 중간에 서 있는가. 지금이 바로 기브온 족속들처럼 바른 판단의 결심이 요구되는 때이다. 이 시간 당신이 기브온과 같은 결심을 할 수만 있다면 어떠한 위기의 상황일지라도 하나님을 일하시게 하는 열쇠가 될 것이다.

내게 다가온 기회를

믿는 자에게는 오직 오늘이
바로 하나님이 나에게 주신 좋은 기회라는 사실이다.

우면동에 땅을 사서 이사한 지도 벌써 수년이 넘었다. 2007년 8월 10일에 땅을 사서 등기를 하고 그해 늦은 가을에 이사를 했으니 말이다. 우면동에 이사를 하게 된 배경을 생각해 보면 참 우여곡절이 많이 있었다. 많은 고통이 있었지만 또 어찌 뒤돌아보면 엉겁결에 이루어진 일들이었기 때문에 그러하다. 아니 엉겁결이라기보다는 땅을 구입할 수 있는 기회가 여러 번 있었는데도 그때마다 주어진 기회를 잃어버린 뒤 천신만고 끝에 구입한 것이기 때문에 하는 말이다.

수년 전의 지나간 일이지만 이야기하지 않고 넘어갈 수가 없다. 모 집사님이 계셨었는데 그 집사님이 우리 교회에 오신 지는 얼마 되지 않았을 때의 일이다. 집사님이 어느 날 나에게 찾아오셔서 교회건축을 위해 땅을 사야 하지 않겠느냐는 것이었다. 누구든지 자기 집을 소유하고 싶다는 생각은 두말할 나위가 없듯, 목회자도 예외는 아니다.

그처럼 목회를 하는 주의 종들도 누구에게나 소원이 있다면 첫째가 성도들이 잘되는 것이고, 둘째는 교회가 성장하는 것이며, 셋째는 교회가 자립하거나 건축되는 일일 게다. 물론 영혼구원을 위한 전도가 더 중요하다고 강조하는 목사도 있을 수 있다. 하지만 여기서 가장 중요한 것은 어떤 일을 하느냐가 아니라 나에게 주어진 기회를 붙잡느냐 아니면 잊어버리느냐에 대한 이야기를 하는 것이다.

사람이 살다 보면 누구에게나 철학이 있다. 철학이란 다름이 아니라 '이렇게 이렇게 하니까 되더라.'이다. 즉 어떤 사람은 기도를 하니까. 또 어떤 사람은 봉사를 하니까. 또 어떤 사람은 자리를 지키고 기다리다 보니까 하나님이 일하시더라든지, 사람마다 철학은 조금씩 다 다르겠지만 나의 신앙철학은 때가 되면 반드시 기회가 주어진다는 믿음인데, 중요한 것은 다가온 기회를 잃지 말아야 한다는 것이다.

하나님은 누구신가. 하나님은 자기가 부르신 모든 자들을 위해 그들이 살아가는 데 꼭 필요한 것들을 다 준비해 놓으셨다. 아브라함을 위해 가나안 땅과 숫양을 예비해 놓으셨던 것처럼 말이다. 아브라함뿐만 아니라 하나님의 약속을 믿는 모든 자들에게 좋은 것들을 다 예비해 놓으셨다는 것이다. 다만 중요한 것은 하나님께서 예비해 놓으신 것들, 즉 주신 기회를 붙잡지 못하고 그 기회를 잃어버린다는 사실이다. 아니 주신 기회를 잃어버리고도 잃어버린 줄을 모르고 산다는 것이 더 큰 문제이다.

나도 하나님이 주신 기회를 여러 번 잃어버린 뒤에서야 깨달은 진리이다. 교회가 성장할 수 있는 기회, 땅을 살 수 있는 기회 등 하나님은 기적 같은 좋은 기회를 여러 번 주셨는데도 그 좋은 기회들을 놓친 것이 문제였다는 것이다.

다시 말하지만 필자의 신앙철학은 3~4년마다 꼭 기회가 온다는 믿음이다. 그리고 그 기회를 잘 붙잡았을 때 더 나은 날을 만들어 갈 수가 있다. 비록 지금 내가 하고 있는 일들이 작은 일일지 모르겠지만 그 일 속에는 나에게 주어진 좋은 기회가 있을지도 모른다는 사실을 잊지 말았으면 한다. 그리고 그 일에 최선을 다했으면 한다. 오늘 우리에게 주어진 모든 일들은 하나님이 예비하신 기회일지 모른다는 관점에서 영의 눈을 밝히고 주신 기회를 꼭 붙잡았으면 참 좋겠다.

메아리의 법칙을 아시는가

하나님은 언제나 자신을 필요로 하는 자를
절대로 외면하지 않으신다.

오스트리아의 사냥꾼은 부메랑의 법칙을 믿는다. 즉 사냥을 나가
기만 하면 빈손으로 돌아오지 않는다는 그들만의 철칙이다. 이를 우
리에게 적용하면 메아리의 법칙이다. 사람들이 살아가는 세상에는
어디를 가나 법칙이 있듯이 하나님 나라에도 절대적인 법칙이 있다.
그 가운데서도 가장 중요한 법칙은 메아리의 법칙이다. 이 법칙은
내가 한 만큼은 반드시 다시 내게 되돌아온다는 철학이다.

오래전 어느 여 선교사가 인도의 사역지에서 복음을 전할 때의 일
이다. 사역의 하루하루는 문자 그대로 고역이었고 너무 힘이 들었
다. 열심히 노력을 해 보지만 되는 것이라고는 하나도 없는 것 같았
다. 그리고 끝내는 절망과 비통으로 더 이상 사역을 감당할 힘조차
없었다. 그래서 선교사는 혼자 맥없이 산으로 올라갔다. 왜냐하면
모든 것을 다 포기하고 고국에 돌아가려다가 마지막으로 기도나 한

번 해 보고 가자는 뜻에서였다. 선교사는 그동안 너무 힘이 들고 지쳐 있다 보니 기도도 제대로 할 수 없는 고통스러운 심정이었다.

선교사는 높은 산에 올라가서 두 손을 높이 쳐들고 하늘을 향해 "하나님 저는 당신이 필요합니다(I need you)!" 정말 당신이 필요하다고 목이 터져라 외쳤다. 얼마 후 내려오려고 하는데 그녀의 목소리는 메아리가 되어 다시 돌아왔다. "나도 네가 필요하다(I need you)."라는 음성으로….

그렇다. 때로는 신앙생활뿐만 아니라 우리의 일상생활 가운데서도 감당하기 힘든 일들이 너무너무 많이 있다. 그럴 때마다 우리는 낙심과 절망의 낭떠러지에 서서 갈 길을 잃고 헤맨다. 정말 하나님이 살아 계실까 하는 의심이 들 때도 있다. 하지만 그것은 하나님이 안 계신 것이 아니라 어느 순간 우리의 믿음이 환경보다 작아진 탓이 아닐까. 때문에 하나님의 소리가 들리지 않는 것이다. 아니면 내 생각을 앞세워 하나님이 말씀하시기 전에 그 자리를 떠났기 때문일 수도 있다. 그리고 왜 믿음이 작아졌느냐에 대한 물음표의 대답은 각자 스스로 찾아야 될 몫이 아닐까.

이럴 때 만약 당신이 높은 산에 올라가 큰 소리로 하나님을 부른다면 하나님은 어떤 대답을 하실까. 주님은 낙심하거나 포기하라고 말씀하시는 것이 아니라 오히려 이런 말씀을 하실 것이다. "힘내라." 이 고비만 잘 넘기면 곧 기회는 다가올 것이다. 그리고 "너는 두려워 말고 낙심하지 말라 내가 너와 함께 하리라 모세와 함께했던 것처럼 내가 너와 함께하리라."

우리가 하나님을 필요로 하는 만큼 하나님 역시 우리를 필요로 하신다. 아니 우리보다도 더 간절하게 우리를 원하고 계실지도 모른다. 하나님은 언제나 자신을 필요로 하는 자를 절대로 외면하지 않으신다. 예레미야가 힘들고 지쳐 낙심될 때 찾아가셔서 다음과 같이 말씀하셨다. "너는 내게 부르짖으라. 내가 네게 응답하겠고 네가 알지 못하는 크고 비밀한 일을 네게 보이리라"(렘33:3)

메아리의 법칙은 지금도 유효하다. 힘이 들고 낙심되어 앞이 캄캄하나요. 실망과 절망의 낭떠러지에서 울고 싶나요. 힘을 내세요. 하나님은 지금 당신을 위해 일하고 계시니까요. 그분의 신실하심을 믿는다면 지금 현재의 자리에서 일어나 두 손 높이 쳐들고 하늘을 향해 힘껏 외쳐 보세요. 메아리의 법칙을 활용해 보는 것이다.

큰 소리로, "하나님─! 한 번만 살려 주세요." 더 큰 소리로 "하나님 꼭 한 번만 도와주세요."

믿음의 또 다른 표현들

"사람이 마음으로 믿어 의에 이르고
입으로 시인하여 구원에 이르느니라"
(롬10:10)

사람들은 누구나가 다 믿음을 가지고 살아간다. 돈을 믿든, 아들을 믿든, 아니면 그 무엇이든 간에 믿어야만 살 소망이 생긴다. 그런데 특히 그 가운데서도 예수를 믿는 사람들은 더더욱 그러하다. 그렇다면 그들이 주장하는 믿음은 과연 어떤 믿음들일까. 그리고 그 믿음은 과연 무엇이기에 즐겨 쓰고 중요한 것처럼 말들을 할까. 그 이유는 다음과 같은 이치 때문이 아닐까 하는 생각을 해 본다.

사람들이 사는 대부분의 삶은 너나 할 것 없이 모두가 그 무엇인가의 소원들을 이뤄 내기 위한 투쟁, 곧 그 자체가 삶인데, 그 삶의 한복판에는 믿음의 증표가 빛처럼 보여야만 한다. 이 대목에서 한번쯤 묻고 싶은 말이 있다. 예를 들어 "당신이 어떠한 것을 하나 이뤄 내기 위해서 꼭 필요한 것이 있다면 그것이 믿음일까요? 아니면 생각일까요?"

어떠한 일을 이루고자 할 때 우리의 생각대로 된다면 얼마나 좋을까. 만약 우리의 생각대로 된다면 아마도 못사는 사람이 하나도 없을 것이다. 대부분의 일들은 모두가 우리의 생각대로 되는 것이 아니라 우리의 믿음대로 된다고 성서에 기록되어 있다. 이처럼 예수를 믿는 믿음이 중요한 것은 믿음이 생각을 변화시키고 건강하게 만들며 건강한 그 생각은 다시 우리의 육체를 건강하게 만들고 건강한 그 육체는 또 세상을 정복할 수 있는 힘이 된다. 그리고 힘이 적용되는 그 현장에는 우리의 소원이 나타나게 되는데, 이것이 곧 믿음의 원리요 믿음의 또 다른 표현이다. 즉 응답이 믿음의 또 다른 표현인 것이다. 그렇다면 어떻게 해야만 그 믿음이 생기는가. 믿음이란 말씀을 들음으로써 우리 안에 생기고, 또한 그 믿음이 확실하게 자라면 환경 속에 믿음대로 나타나는 현상이 정설이다.

말씀이 우리 안에 들어오면 믿음이 생기고 믿음이 생기면 역사가 일어나는데, 그 말씀이 우리 안에 들어오기가 쉽지 않다. 하나님의 말씀이 우리 안에 들어오게 하려면 어떻게 해야만 할까. 그 말씀 읽고 계속 암송을 하다 보면, 성령의 역사가 일어난다. 하나님은 인격자이시기 때문에 원하지 않는 자에게는 찾아오지 않으신다. 그분을 인정하고 모셔 들이는 방법은 아멘이고 아멘은 믿음의 또 다른 표현인 동시에 나도 그렇게 될 줄을 믿는다라는 외적 표현이다. 즉 말씀을 들어 보니까 그 말씀이 믿어진다는 내적믿음의 외적 반응인 것이다.

다시 말해서 마음속에서 의를 이루도록 나타나는 것이 믿음의 본질이라면 아멘은 다른 사람들이 알아들을 수 있도록 나타내는 믿음의 외적표현이라 할 수 있다. 그러니까 말씀을 들어도 아멘을 하지 못하는 성도들은 확실하게 대답할 수 있는 믿음이 부족하기 때문이다. 즉 '아멘'(고후1:20)이 없는 신앙은 믿음의 확신이 없다는 증거가 아닐까.

어떤 사람이 부산을 간다고 하자. 그렇다면 그 사람의 마음속에는 어떤 이유에서이든지 이미 부산을 가야 한다는 생각을 먼저 했을 것이다. 그리고 부산을 가야 한다는 생각을 확실하게 결정한 사람은 누가 말하지 않아도 그 다음은 표를 파는 창구에 가서 부산 가는 표를 달라고 한다.

이처럼 우리는 여기서 믿음과 믿음의 또 다른 표현 하나를 깨달을 수가 있다. 마음속으로 부산을 가야 하겠다고 생각을 한 것은 내적인 믿음이고 역무원에게 표를 달라고 말한 것은 다른 사람들이 알도록 증거하는 외적표현인 것이다. 다시 말해서 믿음이란 부산을 어떻게 가야 할 것인가라는 방법을 찾는 것이고, 아멘은 역무원에게 표를 달라는 것은 내 믿음을 보이는 초기단계의 믿음이다. 표를 받은 그 다음은 반드시 시간에 맞춰 그 열차를 타야만 한다. 이 말은 안 타는 사람도 있다는 말이다.

그리고 열차를 탄 사람은 그냥 자연을 즐기면서 가기만 하면 된다. 그런데 어떤 사람들은 차를 타고 가면서도 쓸데없는 걱정을 하는 사람들이 많다. 그때 주님은 이렇게 말한다. '너희는 아무것도 염려나 걱정하지 말고 믿음으로 가거라.' 알았느냐.

우리 모두는 삶의 현장에서 믿음의 또 다른 표현들을 많이 나타내며 사는 삶이 되었으면 한다. 오늘도 당신의 삶속에 믿음의 또 다른 표현들이 예비되어 있다는 사실을 잊지 말고 이뤄 내는 삶의 현장이 많았으면 참 좋겠다.

사명의 끝에 나타나는 증상

나는 엘리야인가 엘리사인가
자신에게 스스로 대답할 수 있어야만
다가오는 한 시대의 주역이 될 수 있다.

사명이란 무엇인가. 사명이란 일반인들보다는 기독교인들이 더 자주 사용하는 단어인데 사전적 뜻을 보면 사명이란 '사자(使者)로서 받은 명령' 또는 '맡겨진 임무'를 수행하는 사람을 말하며, 사자라는 뜻 역시 어떠한 '명령을 받고 심부름하는 사람'이라고 한다.

사명이란 뜻을 좀 더 자세히 설명을 하자면 자기 자신이 이 땅을 살아가면서 무슨 일을 하며 살아가야만 하는지에 대하여 남에게가 아니라 자기가 자기 자신에게 명확하게 대답을 하되 열 번을 물어봐도 흔들리지 않고 확실하게 대답할 수 있어야만 한다. 또한 사명자는 누가 그 일을 내게 하라고 명령을 했는지에 대해서도 잘 알아야 하지만, 그 일에 대하여 생명을 걸어도 먼 훗날 후회 없는 일이라는 사실을 알고 일을 하는 사람이다. 그리고 그런 사람은 그 일에 대하여 원망이나 불평이 없다.

열왕기상 19장 9-18절의 말씀을 보면 사명이 끝날 때와 사명 받을 때의 징조가 기록되어 있다. 엘리야는 로뎀나무 아래 홀로 누워 환경과 자신의 처지를 생각하다가 하나님께 원망과 불평을 한다. 불평은 "차라리 죽는 것이 낫겠다"는 것이다. 왜 그랬을까. 영적 침체기가 찾아왔던 것이다. 당시 아합 왕의 비호를 받고 있던 바알들과 갈멜산에서 혼자 싸울 때를 생각해 보니 너무너무 힘이 들었던 모양이다.

하지만 하나님은 그를 외면하지 않으셨다. 그때 천사를 보내 물과 떡을 주시며 힘을 내라고 위로하셨다. 엘리야는 그 위로가 힘이 되었다. 그래서 그는 다시 일어나 사십 주야를 걸어서 호렙산까지 갈 수가 있었다. 그런데 엘리야는 또 다시 어두운 굴속에 들어가 앞에 놓인 환경을 보며 불평을 한다. "이스라엘 사람들은 모두가 다 하나님의 약속을 버리고 떠났습니다. 그리고 나 혼자만 남았습니다. 그런데 이제 저들이 나까지 죽이려 하고 있으니 어떻게 하나요."라는 원망과 불평 가운데, 하나님의 세미한 음성이 들렸다. "너는 다메섹에 가서 하사엘에게 기름을 부어 아람 왕을 삼고 또 님시의 아들 예후에게 기름을 부어 이스라엘 왕이 되게 하고 사밧의 아들 엘리사에게 기름을 부어 너를 대신하여 선지가가 되게 하라"고 말씀하시면서, 너는 모두가 다 내 약속을 버리고 떠났다고 불평하지만 너 아니라도 바알에게 무릎 꿇지 아니한 자가 칠천이나 있다고 하셨다. 이 말을 바꾸어 말하면 너 아니라도 일할 사람이 많다는 뜻이다. 엘리야의 사건을 깊이 생각해 볼 때 사람이 어떠한 일을 하다가 그 일에 대한 흥미를 잃고 불평이 나오게 되면 그 사람은 그 일에 대한 사명이 끝나 가고 있다는 불길한 영적인 신호다.

그리고 사명이 끝났다는 말은 사명이 아직 그 안에서 살아나지 않았다거나 죽었다는 뜻이고, 또한 사명이 죽었다는 뜻은 그의 생각 안에 그 일을 하고자 하는 믿음이 죽어 있다는 뜻이 되고 믿음이 죽어 있다는 뜻은 그 일의 필요성을 절감하지 못한다는 것이다. 때문에 일하기 싫은 그 사람이 바로 실업자인 것이다. 또한 그 사람은 어떠한 일을 해도 하는 일이 잘되지 않는다.

이처럼 사람들이 어떠한 일을 할 때 사명 없이 일을 한다면 그 사람이 하는 그 일은 잘 안 될 것이고 또한 그 원인은 해야 될 이유를 잘 모르기 때문에 최선을 다하지 않는다는 것이고 결국엔 사명이 끝나게 되는 것이다.

오늘 우리는 이 시점에서 자신의 사명에 대한 진단을 해 보고 나는 엘리야인가 엘리사인가 자신에게 스스로 대답을 할 수 있어야만 다가오는 한 시대에 크게 쓰임받는 행복자가 될 수 있을 것이다.

제6장

절망에서 피어나는 꽃

거북이의 철학

선견지명

미래로 가면 갈수록 더 큰 재앙들이 닥쳐올지도 모르는
불확실한 시대 속에 우리는 살고 있다.

선견지명(先見之明)이란 어떠한 일을 미리 짐작하고 깨닫는 밝은
지혜를 가리킨다. 대지진의 참극으로 큰 충격을 받은 중국의 네티즌
들이 지진에 관한 많은 유언비어와 함께 괴담들을 쏟아내고 있다.
중국정부가 지진의 전조증상이 있었음에도 불구하고 이를 무시하
고, 사람들을 미리 대피시키지 못했다는 식의 주장이 난무했다. 베
이징 올림픽에만 매달린 정부 당국은 두꺼비와 나비 떼들의 불길한
움직임들이 있었음에도 이를 무시했다고 한다.

당시 진앙지 인근의 멘주 지역에는 지진이 일어나기 수일 전부터
수백만 마리의 나비 떼가 그곳을 떠나갔다는 보도가 있었는데, 이
모든 일들이 재앙의 징후였는데도 정부는 이를 포착하지 못했다는
것이 네티즌들의 일관된 주장이다.

지금 세계 곳곳에서는 마지막 종말 때의 수많은 징조들이 나타나

고 있다. 얼마 전 미얀마에서는 태풍으로 인한 재앙으로 도시 전체가 폐허가 되고 국민들이 먹을 것이 없어 죽어가고 있다는 보도가 있었다. 그런데도 정부 당국은 국민들의 안전과 생명보다도 나라의 이익을 챙기기 위해 외국의 도움만을 받아들이고 있다는 소식을 접할 때 참으로 안타깝고 애통할 일이 아닐 수 없다.

옛날 어른들의 말을 들어 보면 우리나라에서도 그와 같은 일들이 나타났었다고 한다. 만약 어떤 동네에 불이나 산사태와 같은 불길한 일들이 앞으로 일어날 것 같으면 뱀이나 쥐 같은 미물들이 먼저 그 집을 떠난다고 한다. 그런데도 이성을 소유한 인간들은 다 망하는 그 순간까지도 자신 앞에 다가오는 재앙을 깨닫지 못하고 있다. 그런 면에서 볼 때 달나라를 갈 수 있다는 인간의 지혜는 오히려 말 못하는 미물들보다 더 미련하다는 것을 대변해 주고 있지 않나 하는 생각이 든다.

하늘에 구름이 끼거나 바람이 불면 비가 올 줄은 알면서도 이 시대를 분별치 못하느냐고 제자들을 책망하셨던 주님의 말씀처럼 이 시대를 사는 민족들은 어떠한가 깊이 한번 생각해 봐야 할 때가 아닌지.

이스라엘 백성들이 바벨론에 포로로 잡혀 갈 때도 보면 한 번에 모두 잡혀간 것이 아니라 3차에 걸쳐서 잡혀 갔다. 그렇다면 제1차로 어려운 일이 일어났을 때 그 징후를 깨닫고 빨리 하나님께 나왔어야만 했다. 그런데 그들은 그리하지 못했기 때문에 70년이란 긴 세월을 남의 나라에서 고생을 해야만 했던 것이다.

그러면 이러한 시대에 우리들은 어떻게 해야만 할까. 선견지명이 필요하다. 왜냐하면 우리에게 주어진 모든 환경들에 우연은 하나도 없다. 하나님이 주신 하나의 그림책이며 그 안에는 계시가 담겨 있다. 때문에 우리는 주변에서 벌어지는 일들을 바라보면서 무감각할 것이 아니라 하나님의 뜻을 발견하는 선견지명의 지혜가 절실히 필요하다.

약속의 땅을 바로 눈앞에 두고

약속을 믿는 모두에게 기회는 온다.

　가나안 땅은 하나님께서 택한 백성들에게 주시겠다고 약속하신 땅이다. 특히나 그 땅은 민족의 조상인 아브라함 때부터 시작해서 오늘을 살아가는 믿음의 성도들에게도 변함없이 계속 유효한 말씀이다. 그런데 중요한 것은 하나님께서 주시겠다고 약속한 땅이 바로 눈앞에 와 있을 때 그 땅을 분배 받아야만 하는데도 대부분의 성도들은 주어진 그 기회를 붙잡지 못하고 놓치게 되는 경우가 많이 있다.

　왜 그럴까. 그것은 그들 앞을 가로막고 있는 요단강물 때문이다. 흐르는 강물이 갈라지지 않으면 어떻게 할까의 염려 때문이다. 믿음으로 발을 내어 디디면 갈라질 텐데 염려 때문에 행하지 못하는 것이 문제였다. 당시 이스라엘 백성들이 그랬듯이 오늘날 우리도 마찬가지인 것 같다. 좋은 일들이 바로 눈앞에 와 있는데도 불구하고 앞에 가려진 걸림돌 때문에 좋은 기회를 얻지 못하고 잃어버리는 경우가 많이 있다.

민수기 13장 20절 이하의 말씀을 보면 이스라엘 백성들은 광야에서 2년 동안의 훈련을 마치고 가나안 땅을 정탐하기 위해 12명이 뽑혔다. 그런데 정탐을 마치고 돌아온 12명 중 10명은 부정적인 대답을 했다. 그 땅은 하나님이 주신 땅이 아니라는 것이다. 그들은 한술 더 떠 자신들이 감당하기엔 아주 불가능하다고 악평을 했다. 그런데 여호수아와 갈렙은 그들의 생각과 정반대였다. 똑같은 환경을 보았는데도 그 땅은 정말 하나님께서 우리에게 주신 축복의 땅이라고 믿었다. 똑같은 환경이라도 믿음에 따라 달리 보였던 것이다. 지금 당신의 환경은 어떠한가? 만약 평가의 차이가 있다면 그것은 환경의 문제가 아니라 바라보는 믿음의 관점 차이가 아닐까 하는 생각을 해 본다.

여호수아 1장을 보라. 그들은 요단강물 앞에서 약속의 땅을 바로 눈앞에 두고도 염려, 근심, 걱정과 두려움으로 가득 차 있었다. 그들은 그 땅을 얻기 위해 얼마나 많은 시간을 허비하고 고생을 했던가. 40년이란 세월이 지났다. 그리고 이제는 그들이 소망하던 '약속의 땅'이 바로 눈앞에 와 있다. 40년 만에 온 기회이다. 그런데도 그들은 요단강물 때문에 주신 축복의 기회를 바로 눈앞에 두고 염려했던 것이다.

왜 그럴까. 문제는 눈에 보이는 환경이 아니라 그들의 마음속에 있는 부정적인 믿음 때문이다. 그 땅은 약속을 믿고 실천하는 자만이 들어갈 수 있는 땅이다. 환경을 바라보고 가만히 서 있으면 요단 강물은 평생 갈라지지 않는다. 아무리 범람하는 요단강물이라 해도 말씀을 믿고 한걸음 한걸음 내디디면 그 다음은 하나님이 역사하실 것이다. 오직 그 땅에 들어가는 자만이 만유를 회복할 수 있고 그 길만이 유일한 길이다.

하나님께서 여호수아를 택하시어 요단강의 기적을 행하셨던 것처럼 오늘날 우리들도 하나님의 약속을 믿고 발걸음을 힘차게 내디딘다면 분명 요단강의 기적은 일어난다. 모든 염려와 근심 걱정 두려움은 주님께 맡기고 약속을 바라보라. 실천할 수만 있다면 나뿐만이 아니라 민족 모두를 살릴 수 있는 기회는 반드시 오고야 말 것이다.

"약속을 믿고 실천하는 자가 될 수만 있다면"

양심의 소리

양심의 소리라고 해서 다 하나님의 뜻을 알아내는
절대 기준은 될 수 없다.
(왕상19:12)

슈바이처 박사는 어린 시절 벌에 쏘여 한참 동안을 소리 지르며 울다가 보니, 나중에는 별로 아프지도 않는데 그냥 울었다고 한다. 그때 마음속에서는 "야, 이 녀석아 그만 울어라."라고 하는 양심의 소리가 들렸다고 한다. 훗날 슈바이처 박사는 "이것은 내 속에 있는 하나님의 음성이다."라는 기록을 남겼다.

이처럼 양심이란 하나님의 소리를 들을 수 있는 감각기관의 하나이다. 그런데 양심이 더러워진 사람(딤전1:11)은 하나님의 세미한 음성을 들을 수 없다. 마음이 청결한 자가 되어야만 하나님의 소리를 들을 수가 있다. 하지만 여기서도 영적 분별력은 요구된다.

성경이 기록되기 전에 하나님은 자연을 통해서 자신을 계시하셨고(행14:16-17) 인간에게는 심령 속에 양심이란 기관을 주시고 그 기관을 통하여 하나님의 뜻을 알게 하셨다(벧전3:21). 그런데 에덴동산의 아담 이후 인간의 양심은 세상의 죄로 물들어 더러워졌고 그 결과 하나님의 음성을 들을 수 없는 화인 맞은 양심이 되고 말았다(딤전4:2). 그리고 양심이 어두워진 뒤부터 인간에게는 욕심이 생기게 되었고(약1:15) 그 욕심은 자기가 중심이 되는 바벨탑(창11:4)을 쌓게 되었는데, 바벨탑 신앙은 모든 판단의 기준이 자신이다. 때문에 그는 남의 말을 전혀 들으려 하지 않는다. 그래서 하나님은 인생의 삶에 절대 기준이 되는 특별 계시인 성경말씀을 인간들에게 주신 것이다.

만약 어떤 사람이 친구하고 싸웠다고 하자. 싸울 때에는 감정이 격하여 자신의 생각이 옳은 줄만 알았는데 막상 집에 돌아와서 곰곰이 생각해 보니 자신도 별로 잘한 것이 없었다는 사실을 알게 될 때가 있다. 그 마음이 곧 하나님이 주신 바른 양심이다.

이때 하나님의 심성까지 다다른 사람은 분명 깨달은 것으로 끝나는 것이 아니라 상대에게 전화를 걸어 미안하다고 사과를 하는 사람이다. 이것이 곧 성경이 말하고 있는 회개이며 하나님 나라의 법칙이다. 그런데 만약 사과를 실천하지 못하는 사람이라면 그는 아직도 자신의 양심을 묵살하는 것처럼 하나님의 말씀도 묵살할 가능성이 매우 높다. 말씀을 묵살하는 사람에게는 결코 하늘의 축복은 없다. 이처럼 우리의 양심이 하나님의 음성을 들을 수 있도록 항상 깨끗할 수만 있다면 얼마나 좋을까 하는 생각도 해 보지만 죄악된 세상 속에 섞여 살아가고 있는 한 우리는 온전할 수 없으며 주님이 도와주시지 않으면 결코 깨끗해질 수가 없다. 그러기에 우리는 날마다 주님께 기도할 뿐이다.

따라서 분명히 알아야 할 것은 양심의 소리라고 해서 다 하나님의 뜻을 알아내는 절대 기준은 될 수 없다. 양심의 소리를 들었다 해도 그대로 적용하는 것이 아니라 꼭 말씀에 비춰 봐야 한다.

왜냐하면 우리는 언제나 불완전한 인간이기 때문에 그렇다. 우리 모두가 하나님의 선한 양심을 닮아 가는 신앙인이 될 수 있다면 얼마나 좋을까.

예수님의 고난과 나

아무리 힘든 밤이라 할지라도 반드시
날이 샌다는 사실을.

사람들이 살아가면서 마음에 소원이 있다면 무슨 소원일까. 그것
은 아마도 좋은 일만 일어났으면 얼마나 좋을까 하는 소원이다. 그
리고 우리의 소원대로 좋은 일만 일어난다면 얼마나 좋을까. 하지만
인생을 살다 보면 좋은 일들만 일어나는 것이 아니라 밤잠을 못 이
루고 눈물져야 하는 괴로운 밤도 다가올 수가 있다. 욥처럼 돈도 명
예도 아내도 자녀도 친구도 모두 다 떠나버리고 홀로 어두운 밤을
지새우는 그 사람들에게 그 밤은 너무 고통스럽고 힘이 든다. 아니
힘이 드는 정도가 아니라 절망의 캄캄한 밤이 될 수도 있는데, 설상
가상으로 그때 말 한마디 따뜻하게 위로해 줄 사람마저도 없다면 어
떻게 될까. 그래서 인생에게 그런 밤은 더욱 외롭고 길게만 느껴질
수밖에 없다.

그리고 그런 밤은 너무 힘들고 고통스럽기 때문에 영원히 날이 샐

것 같지 않아서 자신의 생각과 싸우다 긴긴 밤을 지새우는 사람들이 있다. 하지만 아무리 힘든 밤이라 할지라도 분명 새날은 밝아온다. 조금만 참고 기다리다 보면 어두운 터널을 지나 밝은 세상이 다가온다는 것을 기억했으면 참 좋겠다. 십자가의 너머에는 분명 부활의 새 아침이 예비되어 있었다. 그런데 제자들은 삼일을 참지 못하고 그 자리를 떠나야만 했다. 조금만 참고 기다렸더라면 기적의 그 순간을 체험했을 텐데 그 고비를 넘기지 못하고 자리를 떠났다는 사실을 우리는 잘 알고 있다. 이처럼 우리에게도 만약 힘든 일이 있다면 그 일을 포기하거나 낙심하지 말고 현재의 '그 고비만 잘 넘길 수 있다면' 분명 간증할 날이 다가올 것이다.

만약 씨앗 하나가 땅속에 묻혀 있다고 하자. 그러면 씨앗이 땅속에 묻혀 있는 동안의 환경은 어떠한가. 어둡고 답답하고 앞도 옆도 하늘도 보이지 않는 환경일 것이다. 하지만 씨앗은 그런 환경 속에서도 좌절하거나 원망하거나 불평하지 않는다. 그 이유는 간단하다. 반드시 자신은 태어날 수 있다는 확신이 있기 때문이다. 생명은 제 아무리 힘들고 무겁게 자신을 짓누르는 문제가 있다 할지라도 그 문제는 문제가 아니다. 오히려 그 문제는 씨앗을 새순으로 태어나게 하는 도움의 소스라는 사실을 안다. 그리고 그 생명은 자신을 짓누르는 땅을 헤치고 새날을 향해 돋아날 희망의 그날을 기다릴 뿐이다.

이와 같이 어두운 고통의 밤은 고통으로 끝나는 것이 아니라 반드시 새날이 준비되어 있다는 것을 잊어서는 아니 된다. 자동차가 어두운 터널을 지날 때는 캄캄하지만 조금 지나고 나면 밝은 환경이 온다는 사실을 우리는 누구보다도 잘 알듯이 인생사에도 예외는 아니다.

우리가 꼭 알아야 할 것이 하나 있다. 그것은 예수를 믿는다고 해서 항상 좋은 일만 있는 것이 아니라 안 좋은 일도 일어날 수 있다는 것이다. 문제는 우리의 신앙이다. 무조건 잘 되어야만 한다는 강박관념이나 착각에 사로잡혀 있기 때문에 그 이상을 생각할 수 있는 여유가 없다. 그 결과 하늘의 뜻보다는 나의 왜곡된 생각의 지배를 벗어나지 못해 기복신앙의 자리에 머무르게 되는 것이 아닐까 하는 생각을 해 본다.

좋은 날은 그냥 오는 것이 아니라 십자가를 넘어설 때 가능하다. 비록 안 좋은 일이라 할지라도 안 좋은 일로 끝나는 것이 아니라 그 안에 답을 찾게 되면 화가 변하여 복이 될 수 있다.

이처럼 하나님 안에서 안 좋은 일은 끝까지 안 좋은 일이 아니라 더 좋은 일을 만들기 위한 전조증상이라는 사실을 잊어서는 안 된다. 즉 십자가의 고난은 죽음에서 끝나는 것이 아니라 반드시 부활은 있다. 다만 삶과 고통 사이에는 특별한 기다림의 시간이 필요하다는 진리가 있을 뿐이다.

지금 내 앞에 그러한 어려움이 다가왔다고 하자. 우리는 어떻게 그 문제를 해결할 수 있을까. 제자들처럼 그 자리를 떠나거나 책임을 회피하는 그런 사람이 되어야 할까. 아니면 조금만 더 참고 인내하며 이 고비를 잘 넘겨야 할까. 하늘의 지혜가 필요하다.

저 천국에 갔을 때

우리가 하늘나라에 가게 되면
하나님은 모든 상급을 보상해 주실까.

어느 날 장로님 한 분이 잠을 자다가 꿈을 꾸었는데 꿈속에서 천사를 만났다. 꿈속에 나타난 천사는 장로님에게 천국을 한번 가 보자는 제의를 했다. 천국에 가면 우리가 가서 살 집들을 모두 다 준비해 놓았으니 보러 가자는 것이다.

천사의 이야기를 듣던 장로님은 은근히 자기 집을 보고 싶은 생각이 들어서 따라 나섰다. 천국에 도착하고 보니 정말 아름다운 집들이 너무 많았다. 눈이 부실 정도로 아름다웠다. 어떤 집은 다 지어진 집도 있고 또 어떤 집은 지금 막 짓기 시작한 집도 있었다. 그런데 아무리 둘러봐도 이상하게 자신의 집이 보이질 않았다. 천사에게 물어보기도 그렇고 하여 둘레둘레 따라가는데 한참을 가다가 아직 다 완성되지 못한 어느 초라한 집 한 채가 보였다. 집 앞에 다가섰다. 이건 누구의 집일까. 의구심을 가지고 문패를 보니 자신의 이름이 붙어 있었다. 이게 어떻게 된 일인가. 그 많고 많은 집들 가운데 자신의 집이 가장 초라한 집이었던 것이다.

　장로님은 천사에게 물었다. "아니 천사님, 저는 세상에서도 이 집보다 더 나은 집에 살고 있는데 천국에 있는 집이 세상에 있는 집만도 못하다니요." 장로님이 언성을 높이며 기분 나쁜 소리로 따지고 덤비자 천사는 조용히 대답했다. "장로님 그런 말씀 마세요. 장로님이 드린 헌금과 봉사로는 이 집을 짓는데도 무척 힘들었답니다." 그때 장로님은 유구무언이었다.

　천국의 집은 목사나 장로나 권사라고해서 좋은 집을 지어 주시는 것이 아니라 하나님께 얼마나 헌신의 삶을 사느냐에 따라서 상급이 달라진다. 어떤 때는 집사가 더 아름다운 집이 지어질 수도 있다. 왜냐하면 천국의 집은 하나님이 직접 다 지어 주시는 것이 아니라 우리의 헌신을 모아 모아 집을 지어 주시기 때문에 그렇다. 어떤 때는 평신도의 상급이 더 클 수도 있다는 것이다.

　하나님은 우리의 헌신을 절대 가로채시는 분이 아니다. 잘 예비해 두셨다가 우리가 하늘나라에 가게 되면 그때 모두 다시 돌려주신다는 사실이다. 만약 그렇지 않다면 세상 사람들의 말처럼 헛된 일이 되고 말지 않겠는가.

　이 땅에서의 성전도 우리가 준비를 하듯이 하늘의 성전도 신앙생활의 헌신과 봉사의 양을 따라 더 아름다운 집을 지을 수 있는가 하면 허름한 집을 지을 수도 있다. 그러기 때문에 이 땅에서의 헌신과 봉사가 매우 중요하다. 우리가 예수를 믿고 이름이 하늘 생명책에 기록이 되면 그때부터의 모든 헌신은 하나도 빠짐없이 상급책에 기록된다는 것을 꼭 기억했으면 한다. 하나님께 시간으로, 물질로, 봉사로, 헌신하는 여러분들의 모든 수고는 하나도 헛되지 않고 하늘의 상급책(대하15:7)에 모두 저축되었다가 때가 되면 다시 찾아 쓸 날이 온다는 사실을 꼭 기억하자.

"도착했을 때 후회하지 않도록"

하늘이 낸 사람

예술을 지나 영의 단계에까지 이르러 주님과 교제하며
주어진 삶을 즐기거나 누리는 삶을 사는 사람들이다.

19세기 영국의 과학자 프랜시스 골턴 경은 자신의 저서에서 천재란 실제적인 삶의 업적에 높은 수준의 능력이 나타나게 되고 이러한 능력을 창조적 능력이라고 하였다. 또한 창조적 능력이란 그에게 나타난 업적이 세습 통치자의 경우처럼 우연히 부모를 잘 만난 결과로서 나타난 것이거나 일시적으로 나타난 가치의 평가가 아니라, 모두가 객관적으로 인정하는 그 이상의 놀라운 평가를 지녀야 한다는 것이다.

그런가 하면 미국의 심리학자 루이스 M. 터먼 역시 창조적 능력을 천재와 연관지어 말한다. 즉 천재란 표준화된 지능검사 결과, 지적 능력이 높게 나타난 것이라고 말하며, 지능지수가 140 이상이 될 때 '잠재적 천재'로 규정했다.

그런데 오늘날에는 이제 천재보다도 '영재'라는 말을 더 많이 사용하고 있다. 영재는 전체 인구의 상위 0.1%에 이르는 1등급의 영재와 나머지 인구의 10%에 이르는 2등급의 영재로 구별하기도 하는데 이제는 차츰 일반적인 관례가 되어 가고 있다.

이 시대는 IQ를 지나 EQ 즉 감성이 중요하다고 주장하기도 한다. 천재이든 영재이든 간에 한 가지 목적이 있다면 그것은 그의 삶이 잘되는 것이다. 그리고 그가 아무리 천재이고 창조적 능력이 있다 해도 그의 삶이 행복하지 못하면 아무것도 아니다.

아인슈타인은 "천재란 1%의 영감과 99%의 노력에 의해 만들어진 다." 했다. 즉 사람은 능력이 부족해서 실패하는 사람보다는 노력이 나 의욕이 부족해서 실패하는 경우가 많다는 것이다.

필자는 영재와 둔재의 차이를 다음과 같이 생각해 봤다. 과연 출발점이 어디서부터이냐가 매우 중요하다는 것이다. 즉 하늘로부터 출발을 하느냐 아니면 땅에서부터 출발을 하느냐의 차이이다. 출발의 비밀을 말하자면 '무식-지식-기술-경험-철학-종교-영'의 순이다. 알다시피 경험을 넘게 되면 철학의 단계에 이르게 되는데 철학이란 어떠한 것을 할 때 이렇게 하면 된다는 삶의 결과를 증명하는 단어이다. 어머니의 개똥철학처럼 말이다.

그리고 철학의 단계를 넘으면 그 다음은 종교이다. 종교는 내 것을 넘어 남에게 전파하려고 하는 것이 종교이다. 이처럼 종교까지가 세상적인 학문이고 이방 종교의 단계라면 이 단계에서 천재가 나올 수 있다. 그리고 종교에서도 천재들이 교주가 되어야만 하는데 사실은 천재들이 아니라 깨달은 사람들이 된다는 사실이다. 즉 깨달음을 얻은 사람은 천재와 영재 사이에 있는 사람이다. 그러면 하늘이 낸 다는 영재는 어디에서 오는가. 영재는 종교를 깨고 넘어서서 생명이 나타나는 단계에서부터 온다. 즉 생명은 깨달음의 상위개념이며, 생명은 곧 예수이고 여기서부터 기독교가 시작이 된다.

이처럼 대부분의 사람들은 무식에서부터 출발하지만, 극소수의 사람은 하늘에서부터 시작하는 사람이 있다. 사실 천재나 영재나 어찌 보면 모두 하늘이 냈다는 사람을 뜻하는 말이다. 하지만 영재와 천재를 면밀히 따져보면 큰 차이가 있다.

가장 무식한 사람은 누굴까. 그것은 세상물정을 잘 모르는 사람이 아니라 하나님을 잘 모르는 사람이다. 풍성한 삶의 단계를 보면 이렇다. 무식을 지나면 지식이 되고 또 그 지식에서는 기술이 생기고 그 기술은 곧 방법이 된다. 그래서 그런지 요즘은 언어도, 사랑도, 관계도 모두 기술이 있어야만 한다고 강조들을 하는데, 기술도 매우 중요하기는 하지만 기술에서 한 단계 더 올라가 예술의 단계까지 이르러야 한다. 여기서 말하는 예술은 신앙의 예술이다. 예술의 단계는 남들이 알 수 없는 고차원의 삶을 깨달으며 또한 삶을 누리는 사람들이다. 즉 삶에 깊은 의미를 아는 사람들이다. 이처럼 하늘이 보낸 사람들은 예술을 지나 영의 단계에까지 이르러 주님과 교제하며 주어진 삶을 즐기거나 누리는 삶을 사는 사람들이라고 말할 수 있다.

당신의 삶은 어느 쪽에 속하는가. 땅에 속한 삶인가 아니면 하늘에 속한 삶인가. 하늘에 속한 사람은 하늘에 도움을 입고 살아간다는 사실에 큰 자부심을 느끼는데 그가 곧 영재가 아닐까.

한계상황(限界狀況)

큰 재목으로 쓰임받기 위해서는
반드시 극복해 내야만 하는 큰 과제는
한계상황이다.

한라산 백록담 정상을 올라가 주변을 둘러보면 대부분의 나무들은 고사되었거나 혹시 살아 있다 하더라도 크게 자라지 못한 모습들을 보게 된다. 그 이유는 여러 가지가 있을 수 있겠지만 환경이 열악하고 생육의 조건 변화가 너무 심하기 때문이 아닐까 하는 생각이 든다. 그런가 하면 높은 산에서 자라는 나무들의 종류 역시 수는 많지가 않다.

학자들은 이러한 환경을 두고 '수목의 한계상황'이라고 일컫는다. 한계상황은 나무들이 잘 자라기에는 불가능한 환경의 조건이라는 뜻이다.

때문에 나무들은 아무 데서나 자라는 것이 아니라 자신들이 자라기에 적당한 환경에 따라 분포되어 자라기를 원하는데 그런 나무들은 결코 가치 있는 귀한 재목이 될 수가 없다.

한계상황은 우리의 생각처럼 극복하기 쉬운 환경은 아니지만 반대로 우리가 생각하는 것처럼 모든 것이 끝나는 지점 역시 아니다. 비록 힘은 들겠지만 그 환경을 잘 극복하고 견뎌내기만 한다면 그 나무는 어떤 나무보다도 더 값진 분재가 되는 것처럼, 우리도 한계상황을 극복할 수만 있다면 작품을 넘어 더 나은 명품 인생이 될 수 있다. 또 하나 수목의 한계상황을 극복하고 자란 나무는 세계에서도 가장 값비싼 명기의 재료로 쓰인다는 것이 이를 증명해 주고 있다.

우리네 인생사도 예외는 아니다. 탄광에서 일하는 사람들을 막장 인생이라고 부르는데 그 이유는 땅굴 속 깊이 막다른 곳까지 들어가서 일을 해야만 하는 특수성 때문에 붙여진 이름일 것이다. 아니 필자는 석탄을 캐는 광부만이 막장 인생이라고는 생각하지 않는다. 인생을 살다 보면 누구나 한번쯤은 생의 낭떠러지를 경험하거나 한계상황에 부딪치는 일도 있을 수 있기 때문이다. 어떤 이는 질병으로, 또 어떤 이는 사업 실패로, 또 어떤 이는….

어려움은 있을 수 있다. 하지만 꿈을 가진 인생이라면 한계상황이 다가왔을지라도 절대로 멈추거나 포기하지 않는다. 그 '고비를 잘 넘길 수만 있다면' 분명 돕는자를 보내실 것이다. 앞이 꽉 가로막힌 막장이라면 막힌 굴을 조금만 더 파 나갈 수만 있다면 새로운 길이 열릴 것이며 낭떠러지에 서 있다 할지라도 또 다른 길이 있음을 잊지 말라는 것이다. 오히려 인생의 낭떠러지는 더 높은 새로운 세계를 날 수 있는 독수리의 능을 경험케 될 것이다.

인생을 살다 보면 좋은 일뿐만 아니라 고통의 순간들도 다가올 수도 있다. 하지만 자신이 직접 그 문제를 해결하거나 극복하지 못한다면 그 사람에게는 더 이상의 발전이나 미래는 있을 수가 없다. 당신도 지금 처해 있는 그 문제 앞에 낙심만 할 것이 아니라 잘 극복할 수만 있다면 고난의 너머에는 분명 좋은 날이 준비되어 있다. 이처럼 인생은 누구에게나 한계상황에 부딪칠 때가 있는데 그때마다 이를 극복하지 못하면 위대한 인물이 될 수 없다는 진리다.

성경에도 보면 요셉이 국무총리가 되기까지는 수없는 한계상황이 다가왔었다. 그런데 요셉이 그 환경을 극복하지 못했다면 과연 요셉의 미래는 어떻게 되었을까를 생각해 보라.

한계상황을 극복하기란 결코 쉽지 않은 문제다. 그러나 큰 재목으로 쓰임받기 위해서는 반드시 극복해 내야만 하는 큰 과제가 따른다. 인생의 한계가 왔다고 절망하지 말고 앞에 놓인 한계상황을 잘 극복해 낼 수만 있다면 당신은 분명 좋은 날을 보게 될 것이다.

"요단강 너머에는 분명 가나안 땅이
준비되어 있다는 사실을"

훌륭한 선수가 되려면

훌륭한 선수가 될 사람이라면
훈련 막대기를 버려서는 절대 안 된다.

어느 목사님의 간증이다. 목사님 자신은 목회를 잘해 보려고 열심히 최선을 다하고 있었는데 장로님 한 분 때문에 속이 상해서 목회를 그만두고 싶을 때가 많았었다고 한다. 왜냐하면 목사님이 어떤 일을 하려고 하면 사사건건 반대를 했기 때문이다. 그래서 하루는 너무 속이 상해서 하나님께 기도를 했다고 한다.

"하나님 저는 저 장로 때문에 목회를 도저히 못하겠습니다. 그러니 저 장로를 다른 곳으로 좀 보내 주세요." 그때 하나님께서 찾아와 하시는 말씀은 "좋아, 그 장로는 아무데도 갈 곳이 없느니라." 목사님은 또다시 기도를 했다. "그러면 저 장로를 죽게 해 주세요." 오죽했으면 목사가 그런 기도를 했을까. 그런데 하나님은 이번에도 "그 장로는 아직 죽을 때도 안 되었느니라."

목사님은 기가 막혔다. 갈 곳도 없고, 죽을 때도 안 됐고, 그럼 어찌해야 하나 생각하다가 그러면 그 장로가 종의 속을 썩이지 않도록 고쳐 달라고 기도를 했단다. 그랬더니 하나님께서는 또 다시 "종아, 나도 그 장로를 고치려고 고치려고 노력을 했었지만 결국 못 고치고 내가 그냥 죽었느니라."

목사님은 그때 하나님의 말씀을 깨닫고 '별세신학'을 발견하게 되었는데 '별세신학'의 요지는 내가 죽어야만 그가 고쳐진다는 것이다.

필자도 그런 때가 있었다. 목회를 하는데 권사님 한 분이 너무 속을 썩여서 "하나님 저 권사가 어디로 좀 갔으면 참 좋겠습니다. 속이 상해서 정말 못살겠습니다."라고 기도를 하는데 어느 날 하나님께서는 영어로 U자와 같은 형상을 하나 보여 주셨다.

좌측에는 나쁜 사람들이 있고 우측에는 좋은 사람들이 있었다. 그때 나는 속을 썩이는 권사부터 한 사람씩 한 사람씩 잘라 내기 시작했다. 그리고 그렇게 잘라 내다 보니 나중에는 우측에 좋은 사람까지 다 잘라 내게 되었다. 마지막 한 사람이 남았는데 그 사람은 바로 집사람이었다. 가만히 생각해 보니 집사람도 마음에 들지 않았다. 그래서 나는 집사람까지도 다 잘라 버렸다. 한 사람도 없이 다 잘라 내게 되었다. 그리고 나는 하나님께 말했다. "하나님 이제는 다 잘라 내고 보니 속이 아주 시원합니다." 그때 하나님께서는 내게 말씀하셨다. "종아 이제 나만 네 곁을 떠나면 되겠구나. 나도 잘라 버리거라."

이때 필자는 깨달았다. 내 맘에 맞는 사람은 한 사람도 없다는 것을. 결국 나중에는 가장 잘하던 놈이 가장 잘못하는 1번이 되더라는 것이다. 큰 인물이 되고자 하는 사람이라면 지금 내게 가장 적이 되는 자를 포용(包容)할 줄 알아야 한다. 그는 나의 적이 아니라 하나님이 붙여 주신 훈련 막대기라는 사실을 깨닫고 고난을 이기는 훈련을 받을 수만 있다면 얼마나 좋을까.

이처럼 훌륭한 선수가 될 사람이라면 훈련 막대기를 버려서는 절대 안 된다. 오히려 그 같은 자를 붙여 주신 하나님께 감사해야만 하지 않을까. 광야나 사막과 같은 현실은 고난의 장소가 아니라 훈련 장소이기 때문에 이를 외면해서는 안 된다.

절망에서 피어나는 꽃

부활의 예수님이 자신들과 함께 동행하시는 모습이 보이자
그 순간 그들에게는 새로운 희망(希望)이 살아났다.

절망에서 피어나는 꽃을 아시는가. 아니 보셨는가. 인생을 살면서
좋은 일들만 있었으면 얼마나 좋을까. 그것은 모두의 바람이고 희망
사항일 것이다. 그런데 세상을 살다 보면 좋은 일들만 있는 것이 아
니라 때론 우리가 원치 않는 고통을 넘어 절망이 폭풍처럼 다가올
때가 있다.

성경 인물들 가운데 제자들의 삶을 보자. 그들은 늘 마음속에 희
망을 가득 품고 살았다. 현재는 비록 로마의 압제 아래 있기 때문에
환경이나 생활은 힘들었지만 이제 조금만 참으면 로마의 압제를 물
리치고 승리하는 그날, 살기 좋은 세상이 올 것이라는 기대가 그들
의 가슴을 부풀게 했다. 그러기에 그들은 비록 힘든 환경이었지만
참고 견디며 인내할 수가 있었다.

그런데 이게 어떻게 된 일인가. 그들의 희망이었던 그 예수가 어

느 날 갑자기 십자가에서 말 한마디 못하고 못 박혀 죽게 된 것이다. 그러니 그동안 믿고 따라다녔던 제자들에겐 이만저만의 실망이 아니었다. 실망을 넘어 절망이었다. 다른 제자들도 마찬가지이겠지만 특히 엠마오에서 올라왔던 두 제자들의 실망은 더 컸다. 왜냐하면 기대하는 마음이 컸기 때문에 실망이 더 컸다. 곧 살 만한 세상이 찾아올 것이라는 한 가닥의 희망 때문에 살아왔는데 믿었던 그분이 십자가에 죽었다는 사실은 그들만의 충격이 아니라 제자들 모두의 충격이었다.

실망한 제자들은 고향으로 돌아갈 수밖에 없었다. 고향으로 내려가던 제자들은 삼 일 전 골고다에서 일어났던 끔찍한 그 순간을 아무리 생각해 봐도 믿어지지가 않았다.

이때 예수님은 다시 살아나셔서 그들과 함께 길을 가시며 입을 여셨다. 그리고 자신이 왜 십자가에서 죽었어야만 했는지 성경을 풀어 해석해 주었다. 그러자 제자들은 그 말씀을 듣는 순간 갑자기 마음이 뜨거워지면서 눈이 열리고 부활의 예수님이 자신들과 함께 동행하시는 것이 보였다. 그리고 그 순간 새로운 희망(希望)이 살아났다.

이처럼 실망이 내가 서 있는 제자리를 떠나게 하는 것이라고 한다면 희망은 언제나 제자리를 찾게 만든다. 예수님은 언제나 실망을 주는 분이 아니라 희망을 주시는 분이다. 그리고 주님이 함께하시는 자리라면 어떠한 절망도 희망으로 바뀌게 될 것이다. 예수님이 십자가에서 죽으신 것은 우리를 실망시키기 위함이 아니라 구원을 이루

시기 위함이셨다. 때문에 주님은 언제나 내일에 희망이 있다는 것을 삶을 통하여 증명해 주셨다.

이처럼 주님은 무덤이라는 절망의 자리에서 그냥 끝나는 것이 아니라 무덤을 다시 열고 살아날 수 있다는 희망의 꽃을 피워 주신다. 지금 당신이 서 있는 자리가 가장 힘든 자리라 할지라도 그 자리는 절망이 아니라 분명 희망의 꽃이 활짝 피어나는 기적의 자리가 될 것이다. 아니 회복될 수 있다는 것을 믿기만 한다면 분명 당신의 내일은 밝은 태양이 떠오르게 될 것이다.

거북이의 철학

거북이는 토끼를 이기기 위한 경주가 아니라
자신과의 싸움을 시험했던 경주였다.

토끼와 거북이의 우화를 모르는 사람들은 없을 것이다. 이 작품은 17세기 프랑스의 대표적인 우화작가이자 시인이었던 라퐁테느(La Fontaine)의 작품이다.

어느 날 토끼는 거북이에게 다가가 경주를 하자고 제의를 했다. 이때 거북이는 주위의 시선에 개의치 않고 승낙했다. 그리고 경주를 한 결과 기적적으로 거북이가 승리를 했다. 경기가 끝난 뒤 토끼의 패인은 자만 때문이며 거북이의 승리는 성실함과 인내의 결과라고 평가했는데, 과연 그 평가가 올바른 평가였을까. 그 말이 틀린 말은 아니다. 하지만 반대로 딱 맞는 말도 아니다.

만약 그런 논리대로 말을 한다면 거북이는 애당초 그 경주를 하지 말았어야만 했다. 경주를 시작하기 전의 상황을 한번 생각해 보라. 토끼가 경주를 제의해 왔을 때 그 경주는 이미 해 보나 마나 결과는 뻔했다. 실력을 보나 환경을 보나, 여건을 보나, 게임이 되질 않았다. 또한 그 경기는 정정당당한 실력의 대결이라기보다는 거북이를 놀려 주거나 망신을 주기 위한 하나의 계략이었다. 그런데도 거북이는 토끼의 제의를 받아들였던 것이다. 왜일까. 거북이에게는 불가능을 가능케 하는 그만의 특별한 철학이 있었다. 그러면 거북이의 성공철학은 무엇일까?

그것은 느림보철학이다. 느림보철학은 오직 목표만을 바라보는 것이다. 거북이가 만약 경주 전에 자신의 실력이나 결과만을 생각했더라면 시작도 해 보기 전에 경주를 포기하고 말았을 것이다.

또 하나 거북이는 경주를 하는 동안 상대를 바라보지 않았다는 것이다. 만약 경기 도중 자기보다 실력이 월등하여 앞서가는 토끼를 보았더라면 열등의식 때문에 후회하다가 결국은 중간에 경주를 포기하고 말았을 것이다. 그런데 거북이는 환경이나 상대를 바라본 것이 아니라 묵묵히 목표만을 바라보고 자신의 한계를 극복하기 위해 자신과의 싸움을 하는 경주를 했던 것이다. 왜냐하면 그 길만이 수치를 면할 수 있는 길임을 알기 때문이다.

그리고 느림보 철학 속에 감추어진 또 하나의 비밀은 언제나 자신의 한계를 극복하기 위하여 열심을 다하다 보면 경기 도중 기적 같은 변수도 생길 수 있다는 사실 때문이다. 그리고 거북이의 특별한 철학은 상대를 이기는 것이 목적이 아니라 자신과의 싸움이었고 승리는 등수가 아니라 완주가 목적이었다.

이처럼 느림보철학은 경기의 결과나, 환경 또는 자신의 약한 모습을 상대와 비교하지 않고 자신에게 주어진 목표를 향해 열심을 다하다 보면 토끼와 거북이의 경주처럼 불가능해 보이는 일이라 할지라도 기적 같은 결과가 일어날 수 있다는 깊은 뜻이 담겨 있다. "내가 선한 싸움을 싸우고 나의 달려갈 길을 마치고 믿음을 지켰을 때"의 의 면류관이 준비되어 있음을 믿었던 사도 바울처럼.

"우리도 거북이의 느림보철학을 거울삼을 수 있다면…"

도마뱀의 결단

도마뱀의 뼈아픈 결단은 우리의 인생사에도 큰 귀감이 된다. 과연 이 자리에서 이대로 죽느냐 아니면 아픔과 고통이 따른다 할지라도 더 나은 내일을 위해 과감히 자신의 꼬리를 잘라 버려야만 하느냐의 결단.

자연의 법칙에서도 그러하듯이 우리도 약육강식의 철칙을 외면하고 살 수는 없다. 즉 힘이 약한 놈은 힘이 센 놈에게 잡아먹힐 수밖에 없는 것이 자연의 법칙이다. 때문에 삶의 위기에 처하게 되면 누구든지 살아남기 위한 과감한 결단을 하지 않으면 안 될 때가 있다. 도마뱀의 생존경쟁 현실이 이를 증명해 주고 있다.

언젠가 TV에서 도마뱀에 대한 다큐멘터리를 본 적이 있는데, 도마뱀은 주로 한국, 일본 등 아시아 지역에 주로 분포되어 있으며 크기와 색깔, 종류도 다양하다. 생존경쟁의 자연 속에서 살아남기 위해 날마다 다가오는 위기를 대처하는 비법은 제각기 다르겠지만 자신들보다 힘이 센 동물들에게 위협을 당하게 되면 대부분의 동물들은 대항하여 싸우려고 공격을 하는데 도마뱀은 그와는 아주 반대다. 대항하기보다는 오히려 자신의 꼬리를 스스로 과감하게 잘라 버린다는 것이다.

비록 미물이지만 대단한 결단이다. 결코 쉬운 일은 아니다. 또 하나 과감히 꼬리를 잘라 버린다 해도 잘라 버리는 것으로 끝나는 것이 아니라 그로 인해 다가오는 고통과 후유증은 이루 말할 수 없다. 그리고 그에 대한 아픔을 감내하는 일은 결코 쉬운 일이 아닐 것이며, 나날이 다가오는 갈등과 번민은 또 하나의 고통이 아닐 수 없다.

인생사에서도 예외는 아닐 게다. 수많은 사람들은 그러한 상처들을 마음에 안고 살아가는데, 중요한 것은 그러한 고통이나 상처들을 치료해 줄 수 있는 명약이 없다는 것이며, 세상의 것들은 상처를 치료해 주기보다는 오히려 더 아프게 하거나 더 깊은 상처를 만들기 때문이다.

과연 상처를 치료하는 방법은 없는 것일까. 치료에 필요한 유일한 방법이 있다면 그것은 다 나을 때까지 아픔을 참고 견디는 자연치료일 것이며 또 하나는 자신의 내면에서 면역성을 길러내는 것뿐이다. 왜냐하면 그것은 질병의 상처가 아니라 마음의 상처들이기 때문에 더욱 그러하다. 또한 그러한 상처들은 새살이 돋아날 때까지 참고 인내하는 훈련만이 능사일까. 특별한 하나의 방법이 있다면 그것은 주님이 치료해 주시는 방법일 게다.

　필자는 도마뱀의 결단을 생각해 보면서 깨닫는 바가 크다. 자신의 미래를 위해 한 부분을 과감하게 잘라 낸다는 것은 죽음과도 같은 일이다. 하지만 이러한 결단을 하게 되는 것은 죽기 위함이 아니라 살기 위한 것이라는 사실을 잘 알기 때문이다. 그런데 대부분의 사람들은 자신의 잘못을 인정하기보다는 오히려 잘못을 미화시키거나 거짓의 가면을 쓴 가룟 유다와 같이 위선의 꼬리를 감추고 사는 것을 볼 때 참으로 안타까운 일이 아닐 수 없다.

　내일을 위해 자신의 잘못된 행동이나 버릇을 과감히 잘라 버려야만 하는데도 잘라 버리기는커녕 오히려 자신의 못된 행동들을 감추기 위해 가진 수단과 방법을 다 동원하여 여우처럼 자신의 꼬리를 감추기에 급급한 사람들이 너무 많이 있다.

　우리는 여우의 길을 걷지 말자. 내일을 위해 아픔을 감내하더라도 상처를 과감히 수술해야만 한다는 도마뱀이 주는 교훈을 외면하지 말고 결단의 시간이 되었으면 한다.

제7장

좋은 날은 올 겁니다

이
고
비
만
잘
넘
길
수
있
다
면

좋은 날은 올 겁니다

삶은 말할 수 없이 어려운 현실이겠지만
현실의 언덕 그 너머에는 당신의 미래가 있다.

좋은 날은 올 것인가. 필자는 얼마 전 일본에 이어 중국 선교를 다녀왔다. 중국은 이번이 두 번째인데, 첫 번째는 북방쪽을 다녀왔고, 이번에는 중국의 남쪽 지역인 쿤밍을 다녀왔다. 쿤밍은 라오스, 미얀마, 필리핀 등과의 국경 지역으로서 복음의 불모지이다.

중국도 본래는 기독교의 불모지가 아니었다. 1949년 중국이 공산화되기 전까지만 해도 기독교 국가나 다름없었다. 그런데 예수편에 섰던 국민당이 공산당에게 정권을 빼앗기면서부터 기독교의 수난시대뿐만 아니라 공산화가 찾아왔다. 그러므로 어찌 보면 중국의 공산화는 예수를 믿는 사람들의 책임이라고 해도 과언이 아닐 것이다. 왜냐하면 중국이 공산화가 되기 전까지만 해도 잘사는 나라였는데, 어려워지기 시작한 이유는 나라가 공산화가 되면서부터가 아닐까. 원인을 들자면 다름이 아니라 예수가 공산당에게 졌기 때문이라고 생각한다.

본래 사회주의 이론은 나쁜 것이 아니었다. 모두가 함께 일하고 소득을 공동 분배하여 다 함께 잘살자는 초대교회의 이론이 곧 사회주의 이론이기 때문이다. 그런데 문제는 그 이론이 변질된 데에 있다. 그리고 변질된 공동분배의 청사진은 경제적 파탄으로 이어졌고 독재의 편에 섰던 그 책임은 결국 국민들에게 돌아갔다. 때문에 아무리 좋은 청사진이라 할지라도 변질되면 안 된다.

요즘은 중국이 새로운 별로 떠오르고 있다. 왜 그럴까를 생각해 보았다. 그것은 다름이 아니라 개방정책을 쓰면서 경제변화의 국면이 다가왔고, 그 가운데 기독교를 억압하지 않고 한 단계 더 개방을 한다면 중국은 아마도 더 없는 발전에 발전을 거듭하게 될 것이다. 특히 역사를 뒤돌아보면 기독교를 훼방하는 나라는 어느 나라를 막론하고 문화가 없다는 것이 그 예가 된다. 이처럼 우리도 조금만 더 마음의 문을 열면 어떠할까.

필자는 중국의 오지 중에 오지인 깐이족들이 살고 있는 마을을 다녀왔다. 이 지역은 쿤밍에서 차를 타고 여덟 시간 정도가 걸리는데 그곳에 가 봤더니 깜짝 놀랄 일이 생겼다. 그렇게 깊은 산 속에 기독교가 들어온 지 100년이 넘었다는 것이다. 해발 3,500m가 넘는 고지대의 마을까지 교회가 세워졌으니 놀랄 만한 일이 아닐 수가 없었다. 그리고 그 마을에는 40여 가구 200여 명의 부족들이 살고 있었는데 모두가 다 예수를 믿는 사람들이었다.

특히 필자가 그때 그 현장을 보고 느낀 것은 그들도 과거에는 너무 잘 사는 족속들이었음을 알 수가 있었다. 왜냐하면 그들이 사는 집의 옛 모습을 생각해 볼 때 그렇다. 그들이 살고 있는 집들은 모두 기와집이었고 벽은 타일로 붙여져 있었다. 그런데 그 집들이 다 허물어져 가고 있다. 삶이 어렵다 보니 사는 집뿐만 아니라 교회는 더했다. 천장은 여기저기 구멍이 나서 하늘이 보일 정도였다.

교회 건축의 역사를 봐도 그렇다. 100여 년은 족히 돼 보이는데 교회의 벽들이 타일로 되어 있다는 사실을 비춰볼 때 과거에는 정말 잘사는 동네였었다는 사실을 알 수가 있었다. 지금도 외부를 타일로 집을 지으려 하면 쉽지 않을 텐데 그 당시 교회를 타일로 지었다는 사실은 그 시대의 삶을 대변해 주고 있다는 확실한 증거였다.

현재 그들의 삶은 비록 말할 수 없이 어려운 것 같아 보였지만 미래에는 희망이 보였다. 왜냐하면 남녀노소 젊은이들 모두가 다 예수를 믿고 또한 성실해 보였기 때문이다. 주변의 그 넓은 땅에 한 평도 노는 땅이 없었다. 왜 그런가를 생각해 보니 공산당 체제일 때는 농사를 져도 자신의 소득이 아니었는데 이제는 자유 경제체제이기 때문에 노력한 것만큼 내 소득이 되기 때문에 일을 열심히 했던 것이다.

그리고 또 하나의 이유를 보면 지금은 비록 힘이 들지만 땅을 잘 관리하고 농사를 짓다 보면 훗날 좋은 세상이 왔을 때 그 땅은 내가 불하받을 수 있는 땅이 될 것이라는 희망 때문이 아닐까 하는 생각이 들었다. 우리도 국유지를 경작할 때는 농사를 짓는 것보다도 때가 되면 경작자에게 땅을 불하해 줄 것이라는 희망을 품었기 때문이다. 그리고 그들은 서로가 모일 때마다 그런 희망을 말했을 것이다.

"우리도 조금만 더 참고 기다린다면
반드시 좋은 날은 올 거야."

집사님 알지!

현명한 사람은 자신이 누구인가를
잘 아는 사람이다.

사람들이 목적지를 찾아가는 데는 여러 갈래의 길이 있을 수 있다. 빨리 갈 수 있는 길은 지름길이다. 그런데 어떤 사람은 지금 길을 놔두고 굽은 길로 돌아가는 사람이 있다. 당신은 지금 어느 길을 걸어가고 있는가. 빠른 길이 있는데도 불구하고 자신의 고정관념 때문에 먼 길을 돌아가고 있지는 않은가. 돌아가면서도 그것을 모르고 있다면 얼마나 안타까운 일일까.

어떤 집사님 한 분이 계셨다. 그 집사님은 가까운 골목시장을 가도 꼭 한 길로만 다니는 버릇이 생겼다. 더 가까운 길을 놔두고서도 꼭 그 길밖에 모른다. 그런데 어느 날 집사님이 시장을 가다가 슈퍼마켓 앞을 지나는데 예쁜 앵무새 한 마리가 새장에서 자신을 똑바로 바라보며, 무슨 말을 하려는 것 같았다. 앵무새가 참 예쁘게 생겼다고 속으로 중얼거리고 있는데 그때 앵무새가 말을 했다. "아줌마 못

생긴 거 알지!"

아니 이게 무슨 말이야. "아줌마 못생긴 거 알지." 집사님은 화가 난다기보다는 새가 참 웃긴다는 생각을 하며 못들은 척 그냥 지나쳤다. 그런데 그 다음날도 그곳을 지나가는데 앵무새가 눈을 똑바로 뜨고 고개를 갸우뚱거리면서 "집사님! 교회 다니기 힘들지!"라고 말을 한다. 집사님은 은근히 화가 치밀어 올랐다. 하지만 새하고 싸울 수도 없고 해서 그날도 그냥 지나쳐 버렸다.

다음 날도 시장에 갈 일이 있어 또 그 길을 가게 되었다. 그날 역시도 앵무새와 마주치게 되었는데, 앵무새는 고개를 아래위로 흔들면서 "아줌마! 어제는 교회에 기도하러 안 갔지! 그러니까 일이 잘 안 풀리지!" 집사님은 너무 화가 나서 도저히 참을 수가 없었다. 그러잖아도 힘들고 어려워 죽겠는데 새 새끼까지 조롱한다고 생각하니까 정말 참을 수가 없었다. 그래서 집사님은 슈퍼 안으로 들어서자마자 주인에게 화풀이를 했다. 그런데 주인은 빙그레 웃으면서 미안하다는 말은커녕 새가 그런 것을 가지고 뭘 그러느냐는 것이었다. "여하튼 저는 기분 나빠요." 하며 저 새를 다른 곳으로 치워 달라고 톡 쏘아붙이고는 밖으로 나왔다.

며칠이 지난 뒤 집사님은 약속이 있어서 또 그곳을 지나가게 되었다. 앵무새는 그날도 그 자리에 그대로 있었다. 꼴도 보기 싫었다. 그래서 집사님은 못 본 체하고 그 앞을 지나가려고 했다. 그런데 앵무새는 그렇게 미움을 받으면서도 또 한마디 한다.

"아줌마 알지!"

비록 앵무새의 소리이지만 그 소리를 듣고 그냥 지나칠 것이 아니라 그 소리를 통해 하늘의 원어를 들을 수 있다면 얼마나 좋을까. 오늘 이 글을 읽는 독자들 가운데도 주변에서 들려오는 소리들을 그냥 우스갯소리로 듣고 넘겨 버릴 게 아니라 나는 과연 누구인가, 자신을 한번쯤 돌아보는 거울이 되었으면 한다. 그리고 그 소리를 듣고 그냥 지나칠 것이 아니라 자신이 누구인가 정체성을 깨닫거나 고칠 수 있다면 그는 현명한 사람이 될 것이다.

지혜란 큰 것에서 깨닫는 것이 아니라 작은 것, 남의 이야기와 같은 평범한 사건 속에서 자신의 모순을 발견할 줄 아는 것이다. 즉 내가 할 수 없는 것을 붙잡고 힘들어하는 것이 아니라 내가 할 수 있는 것부터 하는 것이 지혜자이다. 이쯤해서 필자도 한마디 묻고 싶은 말이 있다.

"집사님! 잘 삐지고 성질 나쁜 거 알지!"

큰며느리의 소원

고생을 즐거움으로 웃어넘기던 사람,
언제나 내게는 그가 힘이었고 희망이 되었다.

사람들에게는 누구나 소원이 있다. 그리고 사람들은 그 소원을 이루어 내야만 한다는 일념 때문에 힘들고 어려운 일들도 많이 있지만 감내해 내는 것이 아닐까. 특히 한 가문을 세우기 위해서는 그 누군가의 희생이 따르게 되는데 아마도 희생의 주인공은 큰며느리가 아닌가 싶다. 사람이 한 가문을 세운다는 것은 농사를 짓는 것과 같다.

농부가 들판을 바라볼 때 항상 풍성한 것만은 아니다. 봄, 여름, 가을, 겨울과 같이 환경은 시시때때로 변한다. 하지만 사계절의 절기는 다르지만 모두가 다 필요한 것처럼 인생사도 마찬가지일 게다. 사람들은 가을과 같은 날만 있다면 얼마나 좋을까 하고 생각을 해 보지만 봄이 없는 가을은 있을 수 없다. 다만 가을은 인생의 결론과 같을 뿐이다.

특히 금년에는 큰 태풍이나 수해가 빗겨 가는 바람에 다른 해에

비해 피해가 적었다. 때문에 농부들의 마음은 어느 해보다도 더욱 기쁘지 아니할까. 이처럼 인생사에도 큰 태풍이나 수해를 피해 갈 수만 있다면 얼마나 좋을까.

해마다 가을이 되면 풍성한 추석명절이 다가온다. 명절은 예나 지금이나 다름이 없는 것 같다. 어느 집이든 명절에는 모든 것이 풍성해서 좋다. 이날만큼은 아무리 힘든 일이 있었어도 모두가 마음만은 부자가 된다. 하지만 명절이 되면 유난히 고생을 하는 사람이 있다. 그 사람이 누구일까. 바로 종갓집 큰며느리다.

철들자마자 멋모르고 시집와서 얼굴에 연지곤지도 채 지워지기 전 집안일에 뛰어들어 지금까지 해 가는 줄 모르고 궂은일이라는 궂은일은 다 도맡아 하면서도 내가 당연히 해야 할 일을 한 것처럼 말이 없던 그 사람. 이날 이때까지 하루도 허리 펼 날이 없었다. 가문을 세워야 한다는 일념 하나로 고생을 즐거움으로 웃어넘기던 사람. 언제나 내게는 그가 힘이었고 희망이 되었다. 특히 금년 명절에는 어느 해보다도 유난히 더 바쁜 것 같다. 반가운 손님이라도 올 것처럼 이른 아침부터 분주하다. 송편도 만들고 전도 부치고 나물도 식혜도 만들고 또 어제부터는 소꼬리까지 사다가 하루 종일 푹푹 곤다.

나는 항상 그를 볼 때마다 대견스럽다. 집 한 칸 변변히 없는 집에 시집와서 볼멘소리 다 들어가면서도 싫은 내색 한번 안 하고 일하는 것을 볼 때마다 참, 복덩어리가 들어왔구나 싶은 생각에 자꾸 눈물이 어린다. 언제나 일 무서워하지 않고 팔 걷어붙이고 나서서 해내는 것을 보면 이제 우리 가문도 일어설 날이 곧 올 것이라는 확신이 깊은 곳에서 샘물처럼 솟아오른다.

우면동에 새 집을 짓는 날, 이제는 우리 가문도 남보란 듯이 동네 사람들 다 모아놓고 큰 잔치할 날이 올 것이다. 아직은 그날이 미지수인 것 같지만 누가 뭐래도 그날은 반드시 올 것이다.

그날에 우리는 십자가 탑 높이 세워 놓고 제 설움에 복받쳐 부둥켜안고 큰 소리로 울어 버릴지도 모른다. 우리 집 큰며느리의 소원이 이루어지는 날 아니 큰며느리의 한이 풀리는 날, 우리는 큰 소리로 노래를 부를 것이다. "하나님이 우리를 도우셨다고, 하나님이 우리를 살리셨다고, 하나님이 우리의 한을 풀어 주셨다고…."

"당신에게도 분명 그런 날은 올 겁니다.
희망을 노래해 보세요. 아셨죠?"

엄마는 왜 한쪽 눈이 없어

"엄마! 엄마는 왜 한쪽 눈이 없어."
엄마는 아무 대답도 하지 않았다.

어느 마을에 엄마와 함께 살고 있던 사내아이가 있었다. 그런데 그 아이의 마음속에는 늘 궁금한 생각 하나가 있었다. 그것은 아빠에 대한 이야기나 자신의 출생에 대한 이야기가 아니라 엄마에 대한 궁금증이었다. 어느 날 이 아이는 용기를 내어 엄마에게 물었다.

"엄마! 엄마는 왜 한쪽 눈이 없어."

어느 날 엄마가 학교에 왔을 때, 친구 아이들이 "야! 네 엄마는 왜 눈이 한쪽이니." 그 말을 듣는 순간 이 아이는 마음에 큰 상처를 받았던 것 같다. 그리고 이 아이에게는 그때부터 말은 못했지만 엄마에 대한 궁금증이 생겼던 것이다. 다른 아이들의 엄마나 아빠는 모두가 눈이 양쪽에 다 있는데 왜 우리 엄마는 눈이 한쪽만 있을까.

그때부터 이 아이는 엄마를 볼 때마다 창피한 생각을 잊기 위해 열심히 공부를 했다. 그리고 고등학교를 졸업하고 마침내 서울에 올라가서 명문대학에 들어가게 되었다. 그는 대학을 졸업하고 또 좋은 직장에 들어가 성공을 하고 결혼을 해서 살면서도 그는 어머니에 대한 창피한 마음을 떨치지 못했다. 그는 결혼을 하고 사회생활을 하면서도 부모님이 다 돌아가셨다고 거짓말을 했다. 그리고 엄마 만나기를 거부했다.

그 아들은 자녀들과 함께 행복하게 살았다. 그 아들이 행복했던 것은 좋은 대학, 좋은 직장, 사랑하는 가족이 있어서가 아니라 한쪽 눈밖에 없는 엄마를 보지 않았기 때문이 아닐까.

그러던 어느 날이었다. 아내와 자녀들에게 죽었다고 했던 엄마가 물어물어 아들집을 찾아온 것이다. 주소도 모르는데 어떻게 찾아 왔을까. 그때 아들은 반갑게 받아들이기는커녕 오히려 엄마를 나 몰라라 매몰차게 문전박대했다. "이 할머니 여기가 어디 아들집이라고 찾아와서 헛소리를 하는 거야. 할머니 노망들었어요. 어서 가세요."

다음해이다. 고향에서 동창회가 있다는 연락이 왔다. 이 아들은 정말 동창회에 가고 싶지가 않았다. 한편으로는 동창회에 가서 자신의 성공한 모습을 보여 주며 지난날의 창피했던 과거를 모두 씻어 버리고 싶은 생각도 들었지만 아직도 그의 마음속에는 어머니에 대해 창피했던 생각이 더 컸기 때문에 망설인 것이다.

번민하다가 이 아들은 동창회에 참석하게 되었다. 그런데 친구들과 인사도 제대로 나누기 전 뜻밖에 엄마의 소식을 듣게 되었다. 엄마가 건강이 악화되어 병석에 누워 있다는 소식이다. 이 아들은 천연덕스러운 얼굴로 고향 어머니 집을 찾아갔다. 그런데 안타깝게도 엄마는 이미 숨을 거둔 뒤였다. 엄마의 손에는 편지 한 장이 쥐어 있었다. 아들은 엄마의 죽음 앞에서 손에 쥐어 있던 그 편지를 읽게 되었다.

"아들아 이 에미를 용서해다오. 네가 어릴 때 물었던 그 대답을 끝내 해 주지 못하고 죽게 되었구나. 정말 미안하다. 사실은 네가 어렸을 때 놀다가 큰 사고를 당해 한쪽 눈을 잃게 되었단다. 한쪽 눈이 없는 네 모습을 볼 때마다 엄마의 마음은 찢어지는 것 같이 아팠단다. 그래서 엄마는 한쪽 눈을 네게 주게 되었고 그러다 보니 엄마의 눈이 한쪽일 수밖에 없었던 것이란다. 그리고 그때 네가 묻는 말에 이 엄마가 솔직히 대답을 했다면 어린 네게 더 큰 상처가 되지 않을까 염려하는 마음이 더 컸기에 대답을 못했단다. 이 못난 에미를 용서해다오."

고수와 하수의 차이

이기려고만 하지 말고 때론 집착을 버리고
마음을 비워야만 할 때가 있다.

고수와 하수의 차이를 한번 생각해 보자. 바둑을 이기기 위해서는
꼭 지켜야만 할 10가지 격언이 있는데 이것을 '위기십결(圍棋十訣)'
이라고 한다. 위기십결이란 바둑을 둘 때 마음에 꼭 새기고 있어야
만 할 가장 중요한 교훈인데 그 첫 번째 비결이 '부득탐승(不得貪勝)'
이다.

부득탐승이란 바둑을 둘 때 이기기 위해서는 집착과 욕심을 버리
고 정진해야만 한다는 것이다. 즉 너무 이기려고만 하지 말고 때론
집착을 버리고 마음을 비워야만 할 때가 있다는 것이다.

바둑은 승부를 다투는 게임이기 때문에 승리는 매우 중요하다. 하
지만 꼭 이겨야만 한다는 필승의 신념과 져서는 안 된다는 집착은
거의 똑같은 말 같아 보이지만 사실은 정반대이다. 져서는 안 된다
는 마음의 본질이 욕심이고 인위적인 것이라고 한다면 이는 이미 순

리에서 벗어난 마음이다. 특히 순리에서 벗어난 마음은 어딘가 모르게 부자연스럽고 흔들리게 되고 마음이 흔들리다 보면 통찰의 순간이 오지 않는다. 매사가 물이 흐르는 것과 같은 순리에서 벗어날 때 억지가 될 수밖에 없기 때문이다.

바둑은 흰 돌과 검은 돌이 충돌할 듯 충돌하지 않으면서, 밀어내기도 하고 밀리기도 하는 두뇌의 싸움이다. 욕설이나 주먹다짐으로 되는 일이 아니라 오직 주어진 시간까지 참고 기다리는 것과 바둑판 안에서 길을 찾아내야만 한다는 것 외에는 다른 수가 없다. 바둑은 무언의 전투요. 우리의 인생사도 예외는 아닐 게다.

그처럼 침묵 속에서 신의 한 수를 찾아낸 사람을 고수라 하고 한 수 뒤지는 선수를 하수라고 한다. 때문에 고수와 하수의 차이 역시 언뜻 보기에는 비슷한 것 같다. 하지만 고수와 하수의 차이는 크다. 고수는 하찮은 일에 집착하지 않고 한 수 정도는 줘 가며 싸운다. 절대 아다리에 신경을 쓰지 않는다. 하지만 하수는 수를 멀리 바라보지 못하고 눈앞에 보이는 것에만 신경을 쓰고 집착한다. 때문에 하수는 별것 아닌 한집을 차지하기 위해서 자꾸 아다리를 치다 보니 골든타임을 놓치게 되는 것이다.

이처럼 우리의 삶도 눈앞에 보이는 한 수 때문에 시간을 허비하는 하수인생이 아니라 거시적으로 좀 더 멀리 바라보면서 신의 한 수를 기다릴 줄 아는 고수의 인생이 되었으면 얼마나 좋을까.

승리의 '한 수'를 기다리며 바둑판을 하나 하나 채워 나가는 고수처럼 우리도 크게 성공을 하기 위해서는 어떤 일이 꼭 돼야만 한다는 불안을 앞세워 집착하는 것이 아니라 때론 마음을 확 비우고 한점 한 점 바둑알을 놓는 마음으로 현실을 깊이 생각하며 때를 기다리다 보면 승리의 대국이 다가올 것이다.

"마음을 비운만큼 보인다는 말이 있다." 고수는 버릴 때 확 버려서 더 큰 것을 얻지만 하수는 늘 버린다고 말은 하면서도 버리지 못해서 더 큰 것을 잃는다는 사실을 꼭 기억했으면 참 좋겠다.

"당신도 그 한 수만 비울 수 있다면…"

오직 한 가지 길이 있다면

삶의 큰 틀 안에서 나타난 불행은
예수 안에 그 해답이 있다.

이 세상은 본래 문제가 많은 세상이다. 사회를 보나 가정을 보나 개개인의 삶을 보나 문제투성이 속에 살아간다고 해고 과언이 아닐 것이다. 때문에 세상에 살면서 문제가 없기를 바란다면 그것이 오히려 더 이상한 일이고 다만 중요한 것은 어떻게 하면 그 문제를 해결하면서 살아갈 수 있을까가 관건이고 능력이 된다. 그러면 문제를 해결하면서 살아갈 수 있는 길이 있다면 그 길은 무엇일까.

어느 날 세탁소를 운영하시는 집사님은 하나님께 비가 오지 말게 해 달라고 간절한 기도를 하고 있었다. 그때 옆에서 함께 기도를 하고 있던 김 집사님은 이 기도를 들으니 기가 막혔다. 왜냐하면 자신은 비가 오게 해 달라고 기도를 하는데 한쪽에서는 비가 오지 말게 해 달라고 기도를 하니 기가 막힐 일이 아닌가. 기도를 끝낸 뒤 김 집사님은 세탁소 집사님을 불렀다. 그리고 집사님은 서로의 문제 해결을 위해 합의점을 찾기로 했다.

한참을 서로가 합의점을 논의해 봤지만 합의점을 찾기가 쉽지 않았다. 월요일은 애들이 학교 가기 때문에 비가 오면 안 되고, 화요일은 빨래를 해야 하기 때문에 그렇고, 주일날은 교회 가야 하기 때문에 등등 아무리 지혜를 모아도 결론이 나지 않았다. 왜냐하면 입장들이 각각 달랐기 때문이다. 결국 집사님들은 모든 것을 하나님께 맡기기로 했단다.

경제 논리에도 보면 거시적 경제와 미시적 경제가 있다. 예를 들어 정부에서 결정하는 정제정책을 거시적이라고 한다면 국민에게 적용되는 결과를 미시적인 정책이라 할 수 있다. 이렇듯 하나님 나라의 계획도 이와 똑같다.

하나님의 입장에서 운행하시는 정책은 택한 자나 불택자나 혹은 날아다니는 까마귀까지도 염두에 두고 결정하시는 거시적 정책이다. 그러다 보니 개개인에게는 맞지 않는 일이 있을 수도 있다는 말이다. 그렇다면 어떻게 해야만 하나님의 크신 계획을 알 수 있을까. 답은 하늘에 있다. 때문에 그 길은 오직 한 가지, 예수 안에 들어가면 어떠한 문제라 할지라도 모든 답이 있다.

하나님께서는 모든 인생의 답이 되시는 예수 그리스도를 이 땅에 보내 주셨다. 아니 하나님 자신이 인간의 형상을 입으시고 이 땅에 오셔서 내가 곧 길이요 진리요 생명이라고 말씀을 하신 것이다.

때론 왜 내게 이런 불행한 일이 있어야만 하느냐고 하나님이 계시다면 이럴 수 있을까, 원망 불평하며 괴로워할 때가 있다. 하지만 원망 불평한다고 그 문제가 해결되는 것이 아니라 답을 찾아야만 하는데, 답은 오직 예수밖에 없다.

예수 안에 들어가기만 한다면 어떠한 장애나 질병, 부도, 가정 등 풀기 힘든 그 어떠한 위기의 문제가 있을지라도 하나님의 큰 틀 안에 그 해답이 있다는 말이다. 그리고 그 답을 찾은 사람은 누구든지 새로운 용기를 얻고 새 출발의 삶을 시작하게 된다. 그리고 그는 전보다 더 나은 길을 가게 될 것이다. 아니 자신이 간다기보다는 성령님께서 그의 인생을 더 나은 길로 인도해 가신다.

신앙생활을 하다가 감당하기 힘든 문제들이 발생하면 고민만 할 것이 아니라 예수 안에서 빨리 하나님의 뜻을 발견해야만 한다. 답을 발견하고 보면 하나님은 언제나 당신을 크게 쓰시기를 원하신다는 사실이다. 겟세마네 동산에서 십자가의 해답을 찾으신 주님처럼 지금 이 시간 우리도 두 손을 높이 들고 하늘을 향해 큰소리로 간절하게 한번 외쳐보자.

"하나님 한번만 도와주세요."

잡초와 약초의 차이

이 세상에 존재하는 모든 생명체는
필요 없는 것이 하나도 없다.

봄이 되면 수많은 새싹들이 앞다투어 돋아난다. 그런데 그 풀들의
수와 이름을 하나하나 정확하게 헤아리기는 결코 쉽지가 않다. 그러
나 그 풀들은 사람들이 알아주든 몰라주든 관계없이 해마다 사명처
럼 때를 따라 돋아나서 꽃을 피우고 열매를 맺고 가을이 되면 또 땅
에 떨어져 겨울 동안 땅속에 묻혀 있다가 또 다시 봄이 되면 그 일들
을 계속 반복한다.

풀들은 왜 그렇게 해마다 그러한 생활들을 계속 반복하고 있는 것
일까. 아마도 그것은 잡초라고 불리는 자신의 이름들에 대한 억울한
누명을 벗기 위함이 아닐까 하는 생각이 든다.

사람들은 풀들의 이름들을 정확하게 알려고 하기보다는 그냥 쉽
게 잡초라는 이름으로 무시해 버리는 것처럼 사람들을 대할 때도 그
와 비슷하다.

꼭 필요한 존재임에도 불구하고 자신들에게 주어진 고유한 사명들이 확실하게 밝혀져 있지 않기 때문에 그렇다. 이처럼 그들은 잡초의 설움을 면하기 위해서는 오직 자신의 사명을 밝히는 길밖에는 다른 방법이 없다. 이 세상에 존재하는 모든 생명체들은 그 어느 것이든지 필요 없는 것들은 하나도 없다. 때문에 잡초들은 자신의 억울함을 면하기 위해서 자신들이 어디에 필요한 존재들인가를 확실하게 밝히는 길 외에는 다른 방법이 없다.

어떻게 해야만 꼭 필요한 존재, 아니 귀한 존재라는 사실을 밝힐 수 있을까. 그 길은 약초를 연구하는 연구자를 만나는 것이다. 연구자를 만나면 된다. 그동안 이름이 없던 무명초라 할지라도 새 이름이 발견되고 한발 더 나아가 효능이 발견되면 무명초는 하루아침에 약초로 바뀌게 된다. 그때부터 쑥은 '쑥'이라는 이름이 생겨 잡초의 신세를 면하게 될 것이며 또한 쑥을 좀 더 깊이 연구하는 학자를 만났다면 쑥은 쑥이라는 이름을 넘어 쑥의 효능을 밝혀 낼 것이고 그 효능이 밝혀지면 그때부터 쑥은 잡초라고 무시당하지 않게 될 것이다. 그리고 쑥의 약효를 필요로 하는 사람들에게는 언제나 귀한 존재로 여김을 받게 된다.

수년을 잡초처럼 산 속에 묻혀 있던 무명초들이 어느 날 귀한 존재로 쓰임을 받게 되는 것은 그 이름도 중요하지만 더더욱 중요한 것은 효능들이 밝혀졌기 때문이다. 이처럼 잡초가 하루아침에 유명초가 되는 것은 시간문제다. 앞서 언급했듯이 이 세상에 생명이 있는 존재는 모두가 다 귀한 존재들이다. 다만 귀한 존재들임에도 불구하고 귀하게 쓰임 받지 못하는 것은 자신들이 소유하고 있는 독특한 은사가 발견되지 못했기 때문이 아닐까.

요즘 개똥쑥이 유명하다. 왜 유명해졌을까. 그것은 연구하는 학자를 잘 만났기 때문이다. 연구를 해 보니 개똥쑥 속에는 항암 및 면역력을 증가시켜 주는 '아르테미신'이라는 성분들이 함유되어 있다고 밝혀졌기 때문이다. 이처럼 개똥쑥뿐 아니라 모든 식물들 속에는 그들만의 독특한 약효들이 함유되어 있다.

지금은 비록 잡초처럼 무명초로 살고 있다 할지라도 염려할 것이 없다. 우리도 누군가를 잘 만나기만 한다면 잡초의 신세를 면하고 약초가 되는 시간문제다.

옛말에 보면 "여자 팔자는 뒤웅박 팔자"라는 말이 있다. 그 말의 뜻은 비록 어제까지는 힘들게 살았지만 신랑을 잘 만나니까 하루아침에 사모님이 되거나 귀한 신분이 되었다는 비유의 말일 게다. 우리도 예수를 만나기만 한다면 주어진 사명들이 밝혀질 것이고, 밝혀지는 그날 잡초와 같았던 그는 하루아침에 귀한 존재가 될 뿐만 아니라 많은 사람들에게도 도움을 주는 약초 같은 존재가 될 것이다. 이처럼 사람들은 누구에게나 독특한 그들만의 사명들이 다 있는데 그 사명들이 잘 밝혀지지 않았기 때문에 거리를 방황하는 것이다.

누구의 잘못일까

저 사람은 왜 저럴까?
이해 가지 않을 때가 많이 있다.

어떤 사람이 급한 출장 때문에 터미널에 나갔는데, 차 시간이 조금 남아 허기를 채우기 위해 만두집에 들어갔다. 만두집에는 손님들이 너무 많아 북적대서 겨우 자리를 잡고 앉았다. 만두를 시켰다. 잠시 후 만두가 나왔다. 그런데 갑자기 전화벨이 울렸다.

사람들이 시끌시끌하다 보니 전화를 제대로 받을 수가 없었다. 그래서 밖으로 나가 전화를 받고 들어와 보니 이게 어떻게 된 일인가. 자기 자리에 어떤 숙녀가 앉아 있는 것이었다. 손님이 많아 자리가 없다 보니 앉았겠지 하는 생각을 했는데 황당한 것은 자신이 시켜 놓고 나갔던 만두를 스스럼없이 집어 먹는 것이었다.

내심 이상하다는 생각을 하다가도 오죽하면 아가씨가 남의 것을 먹겠는가. 너무도 태연하게 집어먹는 것을 보면서 저럴 수가 있을까, 아무리 요지경 속이라고는 하지만 기가 막혔다.

참 이상한 아가씨였다. 남의 만두를 먹고 싶으면 최소한 사전에 죄송하다는 인사 정도는 하고 먹어야만 하지 않을까. 아니 설사 죄송하다는 인사를 한다 할지라도 줄까 말까인데 남의 것을 자기가 시킨 것처럼 태연하게 먹는 것을 보면서 할 말을 잃었다.

신사는 그는 자리에 마주 앉았다. 아가씨도 하나 집어먹고 자신도 만두를 집어 먹었다. 조금 후 아가씨는 잘 먹었다는 인사도 없이 유유히 문을 열고 나갔다. 가게 문을 나서는 아가씨의 뒷모습을 바라보는 그는 혼자 중얼중얼 구시렁댔다. 뭐 저런 여자가 다 있어, 정말 싸가지라고는 한 푼어치도 없는 정말 요지경 속이라는 생각이 들었다.

조금 후 사람들이 하나둘씩 다 빠져 나갔다. 아마도 차 시간이 가까워 왔기 때문인 것 같았다. 자신도 일어나 나가려고 하는데 바로 옆 자리를 보니 식어 버린 만두 한 접시가 덩그러니 주인을 기다리고 있었다.

저 만두는 누가 시켜 놓았을까. 그리고 하나도 먹지 않은 채 왜 그냥 갔을까. 참 정신없는 사람이라고 생각을 하다가도 한편으로는 바빠서 그냥 갔겠지 생각을 하고 나오는데 이상한 생각이 떠올랐다. 뒤를 돌아보는 순간 그 자리는 조금 전 바로 자신이 앉았던 그 자리였다. 그리고 덩그러니 남아 있던 만두는 자기가 시켜 놓았던 만두였다.

그렇다면 조금 전 남의 만두를 집어 먹은 사람은 그 아가씨가 아니라 바로 자신이었다는 생각을 하니 얼굴이 뜨거워 몸 둘 바를 몰랐다. 그때 그 아가씨는 나를 보면서 무슨 생각을 했을까.

사람이 살다 보면 상대를 바라보면서 이상하다고 의심할 때가 있다. 저 사람은 왜 저럴까. 이해가지 않을 때가 있다. 자신이 남의 만두를 자기 것처럼 집어 먹으면서도 오히려 상대를 이상하게 생각하며 살고 있지는 않은지.

당신도 상대를 이상하다고 생각하며 의심하고 있는 일이 있다면 그 의심 속에는 내 잘못도 있을 수 있다는 생각을 한번쯤은 해 봐야 한다.

이 고비만 잘 넘길 수 있다면

"그 한마디만 참았더라면 아무 문제가 없었을 텐데
그 한마디를 참지 못해서."

　인생이란 누구나 꽃길을 걷기 원한다. 하지만 원한다고 모두가 꽃길을 걷고 고속도로를 달리는 것과 같은 봄날만은 아니다. "한 송이 국화꽃을 피우기 위해 밤새 서쪽 새는 그렇게 울어야만 했던 것"처럼.

　인생이 살다 보면 때마다 시마다 넘어야만 할 산들이 있다는 것을 외면할 수가 없다. 인생이란 열두 고비를 돌아야만 올라갈 수 있는 대관령 고갯길과 같은 삶이 있다. 이제는 좀 괜찮겠거니 할 때쯤이면 또 하나의 한계령과 같이 힘든 문제들이 다가온다. 고개 마루에 넋 잃고 서서 왜 나에게는 이런 일들이 자꾸 일어나는 것일까, 원망을 하다가도 어차피 넘어야만 할 현실이라는 것을 외면하지 못하고 다시 일어나 걸어갈 수밖에 없는 것이 인생이고 삶이다.

대중가요의 가사처럼 구름도 자고 가고 바람도 쉬어 갈 수밖에 없는 한 많은 고비이겠지만 추풍령과 같은 고개는 분명 넘어야만 할 산이다. 우리도 그 고비를 잘 넘고 보면 고개 너머에는 더 많은 좋은 일들이 예비되어 있다는 사실이다. 그리고 인생이란 아무리 힘들었던 삶이라 할지라도 지나고 보면 모두가 다 지워 버리고 싶은 것만은 아닐 게다.

뒤돌아보면 행복도 있었고 사랑도 있었다. 어떤 때는 아름다웠던 시간들도 있었고 너만 있으면 이 세상 전부가 내 것인 것처럼 그냥 좋아서 부둥켜안고 이빨이 쏙 빠질 정도로 뽀뽀할 때도 있지 않았을까.

조잘조잘 입을 맞대고 새로운 내일의 약속을 다짐했다가도 하루 아침에 물거품이 되어 버리는 사랑, 하지만 그러한 날들의 사이사이에는 모두가 다 힘든 세월만은 아니었다. 아마도 이 말들이 과장된 말일지는 모르겠지만 인생이란 지나고 보면 그래도 그때는 참 좋았었다는 말이 튀어 나올 때가 있다. 뒤돌아 생각해 보면 생각할수록 고통의 비례만큼이나 표현하기 힘든 또 다른 아쉬움들이 노란 손수건을 흔들며 손짓한다.

이처럼 인생이란 넘어야 할 고비들이 많다. 그리고 그러한 고비들을 잘 넘어설 때 아름다운 삶의 꽃을 피우게 되고 열매를 맺게 되는 것이 아닐까 하는 생각을 해 본다.

인생이란 모든 것이 나로부터 시작된다. 만남도 나의 결정이고 헤어짐도 나의 결정이다. 그리고 잘됨도 나의 결정이고 못됨도 나의 결정에서부터 비롯된다. 그런데 중요한 것은 그러한 나의 결정이 내 인생에서 가장 잘된 결정인 줄만 알고 살아왔는데, 어느 날 제정신이 돌아왔을 때에는 결코 그 결정이 잘한 결정이 아니었음을 깨닫게 되는 경우가 많다. 그런 가운데도 어느 누군가는 자신의 결정이 이 세상에서 가장 현명한 결정이었다고 자신하며 행복을 노래하는 사람들도 가끔은 있다.

그처럼 내가 원하는 꽃길을 가기 위해서는 내 생각을 조금 더 내려놓을 줄도 알아야만 하고 한 발짝 뒤로 물러설 수 있는 아량도 필요하다. 내 생각은 전혀 내려놓지 못하고 상대의 생각만을 자꾸 지적하며 살아온 결과는 결국 꽃길이 아닌 가시밭길이 될 수 있다.

그때는 정말 내가 잘한 것 같았고 그리고 그날의 그 결정은 누가 뭐라 해도 내 생에 가장 잘한 결정이 될 것이라고 단언했던 것들 역시 지나고 나서 생각해 보면 그때 그 결정은 내 인생에 있어서 가장 잘못된 적자거래였음을 고백할 수밖에 없다. 이처럼 불편한 결정의 진실들이 결국은 우리들을 괴롭히는 것이다. 그때 나는 왜 그런 말을 했을까. 그리고 왜 그런 결정을 했을까.

곰곰이 돌이켜 생각해 보면 그때의 그 결정은 사실 제정신에서 결정된 것들이 아니라 화가 머리끝까지 치밀었을 때 내렸던 결정이었기 때문에 100% 손해 보는 결정이 되었던 것이다. 어떤 사람은 사랑에 빠져 제정신이 없을 때 그것이 진짜 사랑인 줄 알고 결정하고 잠에서 깨어나고 보니 간밤의 언약은 백지가 되었다는 소리를 들어 본 적이 있는가. 그때 그 순간에는 정말 몰랐었다는 말 한마디가 그때 그 위기의 실수를 모면하고자 하는 변명내지는 책임회피가 되어서는 안 된다.

때문에 누구든지 어느 함몰의 지점에 빠졌을 때는 어떠한 결정도 해서는 안 된다는 결론이다. 당신도 만약 어떠한 결정을 할 때 현명한 결정을 원한다면 강한 회오리바람이 지나가고, 불같은 화가 식고 난 뒤 그리고 제정신이 돌아왔을 그때 결정을 해야만 후회가 없다.

그때 왜 나는 그 말 한마디를 참지 못했을까. 그 말 한마디만 참았더라면 얼마나 좋았을까. 깨달았을 때 기차는 이미 떠나 버렸다. 정거장에 홀로 덩그러니 서서 아쉬움의 눈물을 닦아 보지만 되돌리기 힘든 일들이 대부분이다. 우리도 그런 후회를 하지 않으려면 오늘 이 순간 이 고비만 잘 넘길 수 있어야 한다. 그래야만 평생을 그렇게 외로운 밤을 지새우지 않아도 될 것이다. 지난날은 아무리 후회를 해 봐도 소용이 없다. 다만 중요한 것은 지금 이 시간부터가 새로운 시작이 되었으면 한다.

어떤 사람은 이 글을 읽다가 화가 나서 불쑥 반문할 수도 있을 것이다. "오죽했으면 그런 말을 했을까." 그때 만약 네가 나였다면 "너는 나보다 더 했을 거야."라고 반문할 수도 있다. 충분히 이해가 된다. 하지만 지금은 지난날들의 얽히고설킨 잘잘못을 따지고자 하는 것이 아니라 앞으로 다가오는 오늘 이후의 날들을 어떻게 하면 흩어진 행복의 퍼즐들을 잘 맞춰 갈까를 고민할 때이고, 그것이 오늘 당신과 내가 풀어야 할 숙제가 아닐까.

지금이라도 늦지 않았다. 이제부터라도 순간순간 다가오는 그 '고비'들를 잘 넘길 수만 있다면 우리에게는 언제든지 좋은 날은 다가올 수 있다. 제2의 아름다운 인생의 꽃길은 지금도 당신을 기다리고 있다. 그리고 누군가는 지금도 당신이 잘되기를, 그리고 이겨 내기를 간절히 소원하고 있다는 사실을 잊지 않는다면 분명 당신에게도 예비된 꽃길은 열리게 될 것이다.

언젠가 티브이에서 장수하신 노부부들이 나와 넌센스 퀴즈를 할 때 어느 할머니가 대답한 말이 생각난다. 노부부가 팔십 평생을 장수하며 함께 살게 되었다는 문제의 정답은 '천생연분'이다. 그런데 할머니는 '평생원수'라고 대답했다. 그 소리를 들은 많은 시청자들은 배꼽을 잡고 웃었다. 한바탕 웃고 난 뒤 시청자들은 할머니가 평생 원수라고 대답했던 깊은 그 의미를 알았을까.

딱 한 가지만 고칠 수 있다면

직장을 다니다가 회사를 조기 퇴직한 사람들이 퇴직하게 된 원인을 조사해 보니 깜짝 놀랄 만한 사실들이 발견되었다. 그들의 퇴직 원인은 학력이나 환경 또는 보수나 재능 때문이 아니라 사람들과의 관계에서 문제가 발생되는데, 문제의 가장 큰 원인 가운데 하나는 모난 성격 때문이라고 한다. 사람들은 이러한 성격으로부터 내뱉는 마지막 한마디는 사리를 분별하지 않고 "때려 치워 버려, 여기 아니면 일할 데가 없다." 아니면 "도장 찍어…"라는 등의 한마디가 고생길을 자처한다는 것이다.

사람이 살면서 그런 말 한두 번쯤 안 해 본 사람이 있겠냐만은 결코 그 말이 결론이 되어서는 안 된다는 것이다. 그리고 그 한마디는 자신뿐만 아니라 그를 따라 사는 모든 사람들에게까지도 애매한 고생길을 걷게 만드는 촉매제가 된다는 사실을 간과해서는 안 된다.

말 한마디에 천냥 빚을 갚는다는 말이 있듯이 따져 보지도 않고 내던지는 마지막 말 한마디의 힘은 칼과 같다. 그의 말 한마디는 인생의 운명을 좌우할 만큼의 큰 폭탄이 담겨져 있다. 그리고 그 말 한마디는 자신도 모르는 사이에 내가 아닌 또 다른 누군가가 시키는 것처럼 종말의 언어가 돼서는 안 된다. 생각하기도 전에 먼저 뛰쳐나가 버리는 말버릇 하나만 고칠 수 있다면 당신의 내일은 잘 풀릴 것이다. 좋은 분위기에 초치는 그 한마디만 절제할 수 있다면.

예수님께서도 십자가를 지고 가시다가 마음이 상한다고 "다 때려 치워 버려!"라고 말했더라면 오늘날 모든 인류의 삶은 어떻게 되었을까. 말이란 하는 것보다도 어떻게 하느냐가 매우 중요하고 더더욱 중요한 것은 꼭 하고 싶은 그 말 한마디를 절제할 수만 있다면 그 사람은 현재보다 더 큰 미래를 세울 수 있는 위인이 될 것이다.

필자는 언젠가 전쟁을 한바탕 치르고 난 뒤 캄캄한 고통의 터널을 홀로 뒤척이던 중 밝은 빛으로 다가온 깨달음의 하나는 지식이나 행동보다도 말의 중요성이었다. 말에도 기술이 필요하다는 것이었다. 그러면 말의 기술 가운데 가장 난이도가 높은 고난도의 기술은 무엇일까. 그것은 역시 마지막 '그 한마디의 말'이라는 것을 강조 또 강조를 해도 무리수는 아닐 게다.

마지막 그 한마디를 하기 전에 이 한마디가 너와 나 사이에 얼마나 유익한 말인가. 이 말 한마디가 문제해결에 과연 약이 될까. 아니면 폭탄이 될 것인가를 생각해 보고 그 한마디를 해야만 될 텐데 사람들의 대부분은 먼저 말을 해 놓고 그 다음에 결과를 생각하기 때문에 대책이 없는 것이다.

특히 마지막 그 말 한마디 속에는 사랑이 담겨져 있는가 아니면 나쁜 감정의 핵이 담겨져 있는가. 터져 버린 뒤에는 수습이 불가능한 경우가 대부분이기 때문에 심사숙고해야만 한다. 엎어진 물을 쓸어 담을 수 없듯이 말이란 한번 입으로 뱉어 버리면 물과 같이 쓸어 담을 수가 없다. 때문에 누구든지 평화를 원한다면 은쟁반의 금 사과처럼 마지막 그 한마디를 잘 사용해야만 한다는 사실을 외면해서는 안 된다. 어떤 때는 이 말은 하지 말아야지 하면서도 악에 받쳐 해 버리는 경우가 적지 않다.

야고보서 기자는 말에 실수가 없으면 그 사람은 온전한 사람이라고 했다. 가끔 이야기를 하다 보면 어떤 사람은 한마디 한마디가 다 사랑이 담긴 언어이거나 위로가 철철 넘치는 말로 힘을 주는 사람이 있다. 그런가 하면 어떤 사람은 "그때 그 말 한마디만 참았었더라면 얼마나 좋았을까. 그 한마디만 잘 참았더라면 아무 문제가 없었을 텐데."라며, 그 한마디를 참지 못한 실수 때문에 평생을 후회하며 사는 경우가 적지 않다. 그 한마디의 결과는 생각했던 것보다 상상 외의 활화산이 된다. 그리고 아무리 긴 세월, 30년의 사랑이라 할지라도 한마디의 실수는 원수를 넘어 평생 원수가 될 뿐만 아니라 도장을 찍고 남남이 되는 지름길이 될 수도 있다는 것을 잊지 말았으면 한다.

예수님이 침묵하신 이유를 생각해 보았는가. 정말 예수님이 없으면 못 산다고, 예수님 사랑한다고, 여우를 떨며 아첨하던 배신자들 앞에서, 그리고 떠난다는 말도 없이 떠나 버렸던 베드로 앞에서 어떻게 하였는가. 오히려 예수님은 그들에게 다시 찾아 가셔서 책망한 것이 아니라 힘을 주셨고 엠마오로 내려가던 두 제자에게는 그럴 수밖에 없었던 그때의 상황을 잘 설명해 줌으로써 그들의 식어진 마음을 다시금 뜨겁게 해 주셨다. 그리고 내려가던 그들을 다시 올라가게 만드신 것이다.

아마도 그때 그런 환경에서 필자 같았으면 이렇게 하지 않았을까. "정말 이 세상에 믿을 놈은 하나도 없다." 세상에 그럴 수가 있느냐고 입에 거품을 물고 고래고래 소리치며 "다 때려 치워 버려 너 아니면 사람이 없니!" 그 자리를 횡하고 떠나 버렸을 것이다. 그런데 예수님은 피 눈물을 다 흘리셨을지라도 겉으로는 묵묵히 그 길을 가셨다. 그리고 침묵하셨다.

"아무 일도 아닌 것처럼 침묵하셨던
주님의 깊은 뜻… 이해되시나요?"

묶인 것을 풀고 떠나라

말뚝에 매어 놓은 끈을 풀고 노를 저었어야만 했는데
묶어 놓은 끈을 풀지 않고 노를 저은 것이다.

어떤 교회의 한 집사님은 친구들의 성화에 못 이겨 주일날 등산을 가게 되었다. 산행을 하면서 집사님은 친구들과의 즐거움에 젖어 교회를 가야 한다는 생각은 까맣게 잊고 자연의 즐거움에 흠뻑 빠져 하루를 어떻게 보냈는지 금세 하루가 갔다. 해가 서산에 기우는데도 친구들은 집에 돌아갈 생각들을 안 한다. 길가 포장마차에 앉아 술잔을 기울이며 또 다른 이야기꽃을 피우기 시작한다. 그리고 그들의 대화는 성추행에 가까울 정도의 이야기들로서, 양념이 잘 된 골뱅이 무침처럼 화끈한 기운이 아래로부터 달아오르게 만든다.

그때 집사님의 머릿속에는 갑자기 부인의 얼굴 모습이 찾아왔다. 여기서 더 머뭇거리다가는 안 되겠다 싶어 벌떡 일어섰다. 그리고 그는 유혹하는 술잔을 뿌리치고 포장마차를 간신히 빠져 나왔다. 주변은 캄캄했다. 중천에 걸린 초승달은 집사님이 돌아갈 길을 걱정해 주는 듯 가물가물했다.

나루터에 도착해 보니 사공은 보이질 않았다. 시간이 지나 퇴근한 것이다. 집사님은 어찌할까 생각을 채 마무리하기도 전 집에 돌아가 야만 한다는 일념 때문에서인지 두말할 것 없이 나룻배에 올랐다. 그리고 노를 젓기 시작했다. 힘이 들었지만 별 다른 도리가 없었다. 얼마동안 노를 저었는지는 잘 모르겠지만 너무너무 힘이 들었다.

초저녁에 작은 나루터를 떠난 집사님은 너무 힘든 나머지 기진맥 진했다. 왜 그렇게 거리가 멀까 정신을 차리고 건너편을 바라보니 먼동이 떠오르고 있었다. 얼마나 힘이 들었던지 어제 마신 술도 다 깼다. 그런데 이게 어떻게 된 일일까. 밤새도록 노를 저어 강을 건넌 다고 힘을 다했는데 알고 보니 배는 제자리에 그대로 서 있었다. 몇 미터도 전진하질 못한 것이다. 이게 어떻게 된 일일까. 깜짝 놀라 뒤 를 돌아보니 말뚝에 매어 놓은 끈을 풀고 노를 저었어야만 했는데 묶어 놓은 끈을 풀지 않고 그대로 노를 젓다 보니 제자리에 서 있었 던 것이다.

우리의 삶도 이와 같을 수 있다. 열심히 노력해도 점점 좋아지는 것이 아니라 제자리걸음을 하고 있다면 점검해 봐야 될 일이다. 모 든 일은 열심만 가지고는 안 된다. 일에 따라 조금씩은 다르겠지만 묶인 것은 풀고 떠나야 할 것이 있다. 가장 중요한 것은 흉악의 결박 을 풀고 가야만 한다. 만약 풀지 않고 길을 떠나게 된다면 밤새 노를 저었지만 한걸음도 나가지 못했던 집사님과 같은 삶이 내 삶속에서도 불거질 수 있다는 사실이다. 간과해서는 안 된다. 때문에 이것은 노력의 문제가 아니라 생각의 문제이고 또한 풀어야 될 문제이다.

성경 사사기에 보면 마지막 사사였던 삼손이 있다. 삼손은 태어날 때부터 하나님이 그를 쓰시려고 나실인으로 특별히 택하셨다. 그리고 하나님은 그에게 언약을 주셨다. "머리에 삭도를 대지 말라. 네가 이 약속을 지키기만 하면 내가 너를 크게 사용하리라." 하나님께서는 삼손을 통해서 타락하고 몰락해 가는 가나안의 시대를 회복하시려고 계획하셨다. 그런데 삼손은 말씀을 어기고 자기의 생각대로 세상에 취해 살다 보니 능력자로 살아야 할 그는 힘을 잃게 되었고, 힘을 잃은 그는 세상의 조롱거리가 되고 제자리걸음을 하는 연자 맷돌을 돌리다 두 눈이 빠져 죽게 된 것이다. 삼손이 쓰임 받지 못한 것도 문제일 수 있지만 그에게 희망을 걸었던 하나님의 마음은 어떠했을까.

이 시대에도 하나님께서는 여전히 그 누군가를 세워 삼손처럼 쓰시기를 원하고 계신다. 특히 이 시대를 다시 세울 수 있는 주인공은 누구일까. 바로 당신이었으면 참 좋겠다.

이 시대를 한번 돌아보자. 정치, 경제, 사회, 문화, 복지, 그 가운데서도 중요한 것은 가정들이 해체 일로에 서 있다. 족보가 사라지고, 간통죄가 사라지고, 사람들은 서로가 반가운 악수조차 마음 놓고 할 수 없는 시점에 우리는 살고 있다.

이러한 시대를 다시 회복할 수 있는 방법이 있다면 그것은 무엇일까. 여러 가지 방법을 들 수 있겠지만 그 가운데서도 유일한 방법은 오직 하나 여호와의 신앙을 회복하는 길 외에는 별다른 방법이 없다.

집사님이 타셨던 나룻배의 밧줄, 삼손이 돌려야 했던 연자 맷돌과 같은 문제는 사람이 노력해서 되는 일이 아니라 하나님이 풀어 주셔야만 하는 문제들이다. 왜냐하면 열심히 노력하는 만큼 잘 풀려야만 하는데 생각하는 만큼 이상하게 잘 안 풀리는 까닭은 다름이 아니라 아직도 내가 모르고 있는 묶인 문제가 있기 때문이 아닐까 한번쯤 생각해 보자.

"묶인 것을 예수로 풀고 다시 시작할 수만 있다면
당신의 내일은 희망의 샛별로 떠오를 것이다"

잊고 살았던 작은 날개들

"작은 날개들의 도움을
당신은 아시나요?"

오전 9시 30분쯤 나는 기대 반 설렘 반으로 인천 공항에 도착했
다. 공항 로비에는 함께 떠나는 일행들이 나보다 먼저 나와 있었다.
일행들의 모습은 봄 소풍을 가는 초등학생들처럼 삼삼오오 짝을 지
어 손짓발짓 깔깔대며 조금은 들뜬 마음에 웅성거리는 모습이었다.
우리의 목적지는 미국 동부 메릴랜드에 있는 안나산 기도원이다. 직
항으로 가면 빨리 갈 수도 있었는데 저렴한 요금을 택하다 보니 열
대여섯 시간 정도가 걸리는 길로 돌아가게 되었다. 중국 베이징 공
항에 도착해서 거기서 두서너 시간을 기다렸다가 다른 비행기로 갈
아타야만 미국 워싱턴 달라스 공항까지 갈 수 있기 때문에 시간이
더 걸리는 것이다.

조금 뒤 우리 일행은 학생들처럼 일렬로 줄을 서서 짐을 부친 뒤
시간이 되자 비행기에 탑승했다. 얼마쯤 지났을까. 안내 방송이 나

왔다. "비행기가 곧 이륙하겠습니다." 비행기의 엔진소리가 요란하게 들려왔다. 긴장감에 두리번거리다가 창밖을 보니 비행기의 큰 날개 중간에는 작은 날개들이 숨어 있었다. 그 작은 날개들이 움직이기 시작했다. 들랑 달랑, 접었다 폈다, 부산하게 움직인다. 테스트하는 모습 같았다. 관제탑의 출발 신호가 떨어졌는지 비행기는 서서히 활주로를 향해 움직였다. 조금 후 비행기는 굉음과 함께 활주로 위를 내달렸다. 최선을 다해 달리는 것 같았다. 얼마를 달렸을까. 비행기는 툭 하는 소리와 함께 하늘을 향해 땅을 박차고 떠오르기 시작했다.

나는 두려운 마음에 숨을 멈추고 비행기 좌석 팔걸이를 꼭 붙잡고 불안한 마음을 달랬다. 안전하게 도착해야만 할 텐데 '혹시…' 하는 방정맞은 생각까지 들었다.

손에는 땀이 촉촉했다. 마음속으로는 불안한 마음이 가시질 않는다. 겉으로는 안 그런 척 주변을 두리번거리다가 우연히 창밖을 보게 되었다. 비행기 날개의 이상한 움직임이 또다시 눈에 보였다. 평상시에는 비행기 양쪽의 큰 날개 두 개만 있는 줄 알았는데 큰 날개 사이에는 작은 날개들이 숨어 있었던 것이다. 평상시에는 그 날개들이 있는 줄도 잘 몰랐다. 땅을 이륙하여 하늘을 높이 날아가려고 하다 보니 작은 날개들의 역할이 필요했던 것이었나 보다. 그때서야 나는 그동안 '잊고 살았던 작은 날개들'의 역할이 얼마나 중요하고 소중한지를 알게 되었다. 그처럼 꼭 필요한 것이었음에도 불구하고 너무 까맣게 잊고 살지는 않았는지 뒤돌아보게 되었다. 인생사도 이와 마찬가지로 우리를 돕는 작은 날개들이 있었다는 것을….

작은 날개들의 힘

혹시 나는 그동안 나를 나 되게 했던 주변의 날개들을 꺾어 버리지는 않았을까. 『갈매기의 꿈』에 등장하는 주인공 조나단처럼 말이다. 평상시에는 별 도움이 안 되는 것 같아 소홀히 생각하고 없어도 될 것 같아 치부하게 되지만 생의 골든타임에는 날개 하나의 힘이 기적을 만들 수 있다. 절호의 찬스에 나를 나 되게 한다는 사실을 간과해서는 안 된다. 때문에 우리는 날개들을 더 발견하지는 못할망정 주어진 날개들을 잊거나 꺾어 버려서는 안 된다.

비행기의 작은 날개들은 세상이 모두 잠든 밤에도 목적지에 다다르는 순간까지 한시도 멈추지 않고 자기 책임을 다했다. 부모 사랑 같았다. 마음이 찡했다. 창밖은 영하 50도의 추운 날씨임에도 불구하고 날개들은 모진 바람을 다 맞아 가며 비행기를 비행기 되게 하기 위해 '말없이' 밤새워 최선을 다 하고 있었던 것이다.

누구를 위한 최선이었을까. 그 날개는 나를 위한 최선이었다. 이처럼 우리의 열심도 마찬가지이다. 나보다는 그 누구에겐가 힘을 실어 주는 삶이 되어야만 하는데 오히려 잘못된 의(義)로 나타나서 남을 무시하거나 정죄하는 왜곡된 잣대가 되는 경우가 있다.

우리는 힘겹게 찾아온 내 편을 남이 되게 하는 불씨가 되지 않았는지, 왜곡된 착각에서 깨어나야만 한다. 또한 그런 의(義)는 살리는 의가 아니라 너와 나의 행복을 가로막는 '아니 전쟁'의 실마리가 된다는 사실을 기억했으면 한다. 만약 이것을 모르고 살아간다면 전쟁은 그치지 않게 될 것이며 행복의 꽃잎은 계절을 잃게 될지도 모른다. 노파심의 태풍이 불안했던 마음의 심지를 계속 흔들어 댄다.

혹시라도 그런 나의 의(義)가 착각 속에 빠져 행복의 담을 허무는 작은 여우가 된다면 얼마나 불행한 일인가. 작은 여우를 잡는다는 것은 결코 쉬운 일이 아니다. 우리 모두는 정말 나에게 다가온 날개들을 접게 하는 자가 되지 말자. 날개들을 활짝 펴게 해 주는 자가 되면 얼마나 좋을까. 발등을 찍으며 다짐을 해 보지만….

오늘도 우리는 어제처럼 여전히 고장 난 레코드판처럼 그 길을 반복하고 만다.

참으로 안타깝다. 주변의 작은 날갯짓들이 초승달처럼 마음속 깊은 골짜기에 살살 떠오르다가도 정신을 차리고 나면 어디론가 숨어버리는 신기루와 같은 마음은 무슨 까닭일까. 그리고 작은 날개들은 왜 나를 보면 자꾸 숨어 버릴까. 깨달음의 등불이 밝은 빛이 되어 깊은 골짜기를 밝혀야만 할 텐데 그리하지 못하는 심보는 무엇일까. 이미 굳어 버린 의문의 회오리는 좀처럼 잠잠해지질 않는다.

"허송세월을 보내지 말아야 할 텐데"

비행기 안은 너무너무 조용했다. 앞좌석에서는 부부인지, 애인인지, 남남인지는 잘 모르겠지만 입을 귀에 가까이 대고 무슨 말을 하는지 참새처럼 조잘조잘 밤을 깨운다. 행복한 것 같았다. 정말 저것이 행복일까. 사랑일까. 아니면 위선일까. 생각에 잠겨 있는 동안에도 비행기는 900km 상공을 날면서 나의 불안을 잠재우고 모두를 잠재울 수 있는 특별한 비법은 과연 무엇일까 궁금하다. 비법은 여러 가지일 게다. 하지만 그 가운데서도 비행기를 비행기 되게 했던 요인은 아무리 생각을 해 봐도 작은 날개들의 도움 때문이 아닐까 싶다.

돌풍의 충돌을 피할 때,
좌우로 흔들릴 때,
나를 나 되게 할 때,
좌우 수평을 조절할 때,
그리고 속도를 조절하기 위해

비행기의 작은 날개들은 밤새 한시도 쉬지 않고, 우리의 안전을 위해 일하고 있었다. 이처럼 작은 날개들은 밤낮없이 그 누군가를 위해 자기의 책임을 다하고 있는데, 혹시 당신은! 당신을 당신 되게 하는 작은 날개들을 잊고 살지는 않은지. 내 주변에 있는 작은 날개들을 한번쯤 생각해 보자. 나에게 도움을 주는 작은 손길들을.

너는 도대체 사명이 뭐니

사명이란, 하나님이 시킨 일이기 때문에
하나님을 바라보고 하는 것이다.

어떤 부잣집에 개와 닭이 함께 살고 있었다. 이들은 주인이 시장에서 같은 날 사 왔는데, 오랫동안 함께 살고는 있었지만 각자 하는 일과 거처가 달랐기 때문에 한 번도 만나 본 적이 없다. 대화를 해 본 적도 없었다. 이들은 하고 싶은 말이 있어도 대화할 수 있는 기회가 주어지지 않았던 것이다.

그렇게 살다 보니 개는 닭에 대한 의문점이 점점 쌓이기 시작했다. 이유인즉, 개는 닭의 사명이 새벽에 우는 것이라고 알고 있다. 그런데 닭은 언제부터인가 새벽에 우는 꼴을 못 봤다. 밤에 일을 하는 개는 닭 울음소리가 들릴 때면 시계처럼 정확하게 새날이 밝아왔기 때문에 개에게 닭 울음소리는 하나의 시계였고 또한 희망이었었다. 그런데 언제부터인가 닭의 울음소리가 들리지 않다 보니 개에게 새벽은 너무 길어 보였고, 때문에 닭이 왜 울지 않을까 궁금증이

증폭되었던 것이다.

그러던 어느 날, 개에게 닭을 만날 수 있는 기회가 왔다. 개는 만나자마자 닭에게 물었다.

"너는 사명이 뭐니?"

닭은 다짜고짜 묻는 그 소리가 무슨 소리인지 어리벙벙했다. 닭은 개에게 되물었다.

"아니 사명이라니 그게 무슨 소리니?"

개가 말했다.

"네 사명은 새벽에 우는 것 아니냐."

닭이 대답했다.

"아니 내가 새벽에 우는 것과 너하고 무슨 상관이야?"

개가 말했다.

"내 사명은 밤에 도둑놈이 못 오게 집을 지키는 것 아니냐. 캄캄한 새벽에 언제 새날이 밝아 올까 궁금할 때쯤이면 네가 울었고 네가 우는 소리가 들리면 곧 새날이 밝아 왔기 때문에 나는 네 울음소리를 기다렸단 말이야. 그런데 언제부터인가 네 울음소리가 들리지 않다 보니 내가 궁금하지 않았겠느냔 말이야."

그때 닭이 말했다.

"요즈음은 내가 울 필요가 없어졌기 때문에 울지 않은 것이지 그냥 울지 않은 것이 아니란 말이야."

"그럼 이유가 뭔데?"

"옛날에는 내가 새벽에 울면 최소한, 몇 명 정도는 내 소리를 듣고 일어나 새벽기도를 가는 사람들도 있었고 한 걸음 더 나아가 내가 큰소리로 목 놓아 울 때는 회개하는 사람들도 있었다. 그런데 요즘은 내가 아무리 울어 대도 회개는커녕 새벽기도 가는 놈 하나 볼 수 없으니 내가 새벽에 일찍 일어나서 울어야 할 이유가 없어졌단 말이야."

그때 반대로 닭이 개에게 물었다.

"그럼 나는 그렇다치고 네 사명은 무엇이니?"

개가 대답했다.

"네 말을 듣고 보니 네가 울지 않는 이유를 알겠는데 나 역시도 너와 비슷한 상황인 것 같다. 너도 알다시피 내 사명은 밤에 도둑이 오는지 집을 지키는 것 아니냐. 아! 그런데 내가 밤에 짖지 못하는 이유를 말하면 네가 이해할지 모르겠지만 '우리 집주인이 도둑놈'인데 내가 어떻게 짖을 수 있겠나 생각해 봐라."

성경은 다음과 같이 말하고 있다. "이 세대를 무엇으로 비유할까 비유컨대 아이들이 장터에서 앉아 제 동무들을 불러 이르되 우리가 너희를 향하여 피리를 불어도 너희가 춤을 추지 않고 너희가 가슴을 치지 아니 하였"(마11:16-17)다고 전하고 있다.

우리는 지금 마지막 때를 살고 있다. 마지막 때의 사명이란 누가 알아주지 않는다 할지라도 사명자는 그 일을 계속 하는 것이다. 사명이란 사람들이 시킨 것이 아니라 하나님이 시킨 일이기 때문에 상황이나 여건을 보고 실망, 포기하는 것이 아니라 묵묵히 시킨 그분을 바라보고 일을 해야만 하는 것이 아닐까.

너희는 때를 얻든지 못 얻든지 복음을 전파하라고 명령하셨다. 때문에 그들이 듣고 돌아오지 않고 회개하지 않는다 할지라도 사명자는 계속 울어 대야만 하는 것이다.

ⓒ 황의일, 2019

초판 1쇄 발행 2019년 10월 20일

지은이   황의일
디자인기획 그린토탈 기획
펴낸이   이기봉
편집   좋은땅 편집팀
펴낸곳   도서출판 좋은땅
주소   서울 마포구 성지길 25 보광빌딩 2층
전화   02)374-8616~7
팩스   02)374-8614
이메일   gworldbook@naver.com
홈페이지   www.g-world.co.kr

ISBN   979-11-6435-725-3 (03230)

이 도서의 국립중앙도서관 출판예정도서목록(CIP)은 서지정보유통지원시스템 홈페이지(http://seoji.nl.go.kr)와 국가자료공동목록시스
템(http://www.nl.go.kr/kolisnet)에서 이용하실 수 있습니다. (CIP제어번호 : CIP2019040286)